昆曲小镇系列丛书

吴粹伦传

◎ 吴世明　王家伦　编著

◎ 巴城镇文学艺术界联合会　编

苏州大学出版社
Soochow University Press

图书在版编目(CIP)数据

吴粹伦传 / 吴世明,王家伦编著;巴城镇文学艺术界联合会编. —苏州:苏州大学出版社,2021.7
 ISBN 978-7-5672-3590-8

Ⅰ.①吴… Ⅱ.①吴…②王…③巴… Ⅲ.①吴粹伦(1883—1941)一传记 Ⅳ.①K825.78

中国版本图书馆 CIP 数据核字(2021)第 112391 号

Wu Cuilun Zhuan

书　　名:	吴粹伦传
编　　著:	吴世明　王家伦
责任编辑:	史创新
封面设计:	吴晓晖
出版发行:	苏州大学出版社(Soochow University Press)
社　　址:	苏州市十梓街 1 号　邮编:215006
印　　装:	苏州工业园区美柯乐制版印务有限责任公司
网　　址:	www.sudapress.com
邮　　箱:	sdcbs@suda.edu.cn
邮购热线:	0512-67480030
销售热线:	0512-67481020
开　　本:	787 mm×1 092 mm　1/16　印张:12　字数:205 千　插页:8
版　　次:	2021 年 7 月第 1 版
印　　次:	2021 年 7 月第 1 次印刷
书　　号:	ISBN 978-7-5672-3590-8
定　　价:	68.00 元

凡购本社图书发现印装错误,请与本社联系调换。服务热线:0512-67481020

谨以此书敬献粹伦公

——全体后人

吴友孝,字粹伦(1883—1941)

吴粹伦夫人吴龚氏(1884—1973)

吴粹伦夫妇与部分子女

被日寇炸毁的吴粹伦昆山老屋

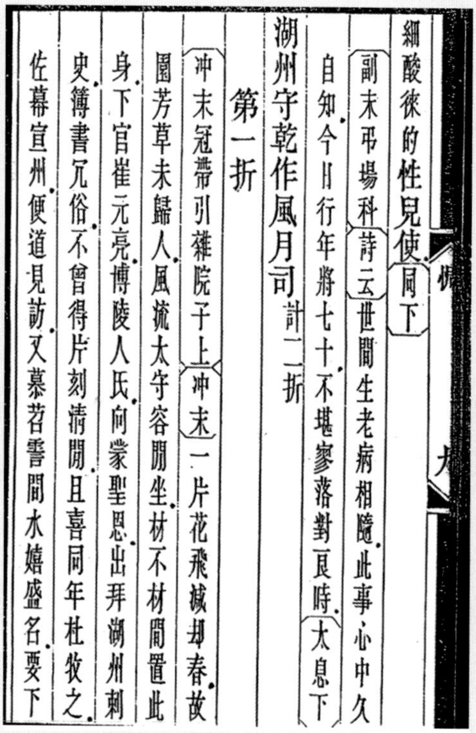

細酸徠的性兒使同下
副末吊場科詩云世間生老病相隨此事心中久
自知今日行年將七十不堪寥落對衰時太息下
湖州守乾作風月司 計二折
第一折
沖末冠帶引雜院子上沖末一片花飛減却春故
園芳草未歸人風流太守容朋坐材不材間置此
身下官崔元亮博陵人氏向蒙聖恩出拜湖州刺
史簿書冗俗不曾得片刻清閒且喜同年杜牧之
佐幕宣州便道見訪又慕苕霅間水嬉盛名要下

《湖州守干作风月司》书影

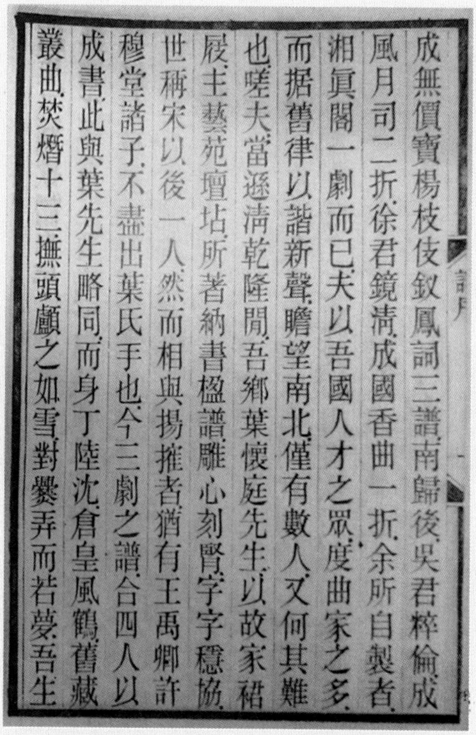

成無價寶楊枝伎釵鳳詞三譜南歸後吳君粹倫成
風月司二折徐君鏡清成國香曲一折余所自製者
湘眞閣一劇而已夫以吾國人才之衆度曲家之多
而据舊律以諧新聲瞻望南北僅有數人又何其難
也嗟夫當遜清乾隆間吾鄉葉懷庭先生以故家裙
屐主藝苑壇坫所著納書楹譜雕心刻腎字字穩協
世稱宋以後一人然而相與揚搉者猶有王禹卿許
穆堂諸子不盡出葉氏手也今三劇之譜合四人以
成書此與葉先生略同而身丁陸沈倉皇風鶴舊藏
叢曲焚燬十三撫頭顱之如雪對甖弄而若夢吾生

《霜崖三剧序·吴梅自序》书影

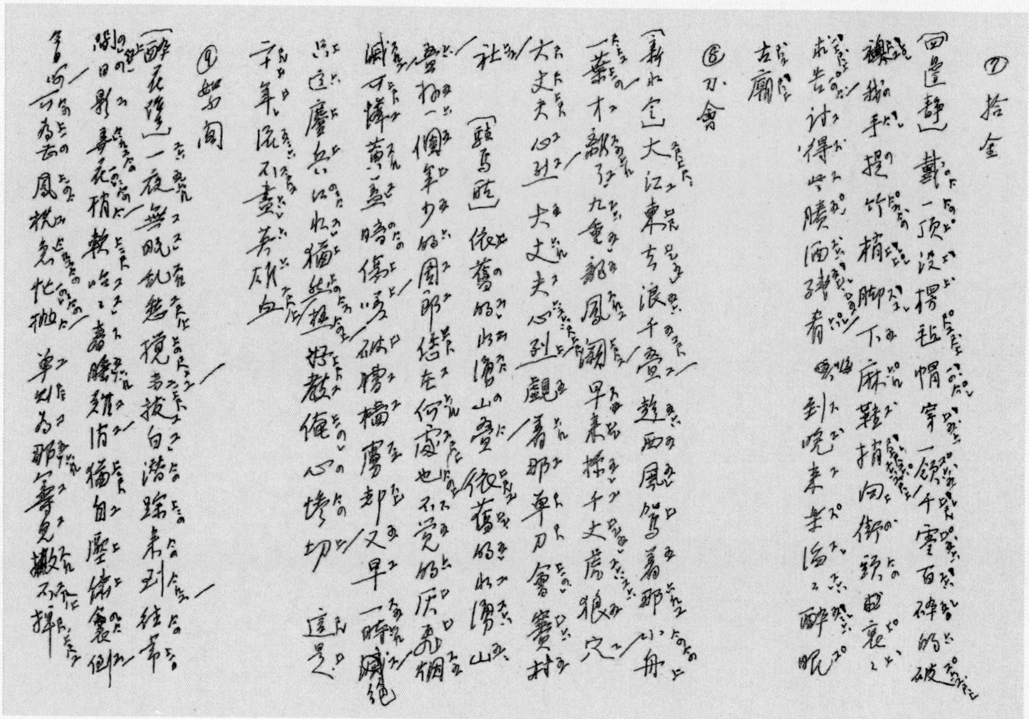

吴粹伦手抄曲谱

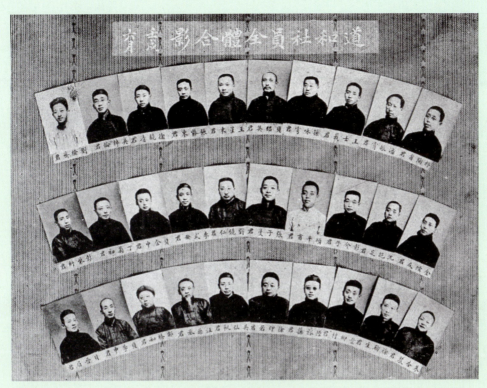

道和曲社首批社员

道和俱乐部会员姓名录

汪家玉 鼎丞　　叶赞元 柳村
贝 洛 侣英　　邹宗淇 椿如
朱豫立 杏农　　潘起鹏 振霄
孙 锦 咏雪　　吴大炳 仙帆
徐 钧 印若　　金庆萼 儒友
张钟来 紫东　　吴友孝 粹伦
徐宗德 鞠生　　贝阶泰 季申
李学垄 式安　　张钟绪 子房
祁锡钧 陶甫　　刘星衍 镜仁
贝绵礼 晋眉　　沈绍增 艳芝
彭嘉滋 菊初　　贝随智 企中
丁国桢 介子　　徐鉴 镜清
王凤甲 星东　　彭绥士 紫纾
王凤章 士裁　　刘恒桐 检斋
陆增培 稼荪　　项毓嘉 平甫

道和曲社首批社员名单

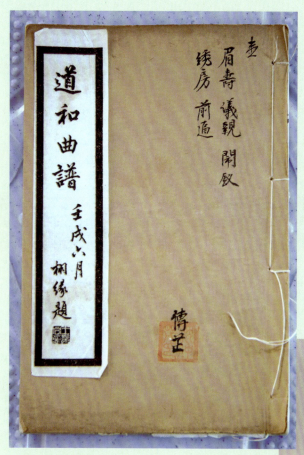

《道和曲谱》书影

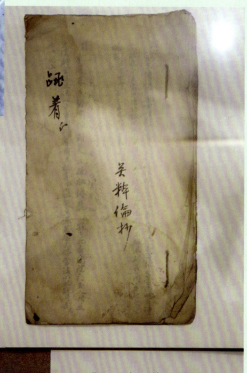

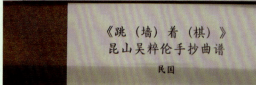

中国昆曲博物馆珍藏吴粹伦手抄曲谱

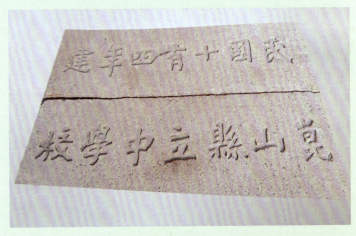

昆山县立中学奠基石

校歌（一）一九二五年吴粹伦校长作词

校歌（二）抄录于一九四四年《昆中毕业纪念刊》

昆山县立中学校歌

进步刊物《育文》半月刊

昆山县立中学学生刊物

昆山县立中学校训

昆山市第一中学校史馆展板

吴粹伦长昆山县立中学时的著名学生

丁善德,著名教授,博士生导师。上海音乐学院原副院长

王芝九,中共昆山独立支部创建人

戴公亮,中国电影教育家,教授。最早引进"电化教育"一词的学者

罗俊,中国首任外文出版发行局局长,国务院港澳办公室原副主任,中国对外交流协会原副会长

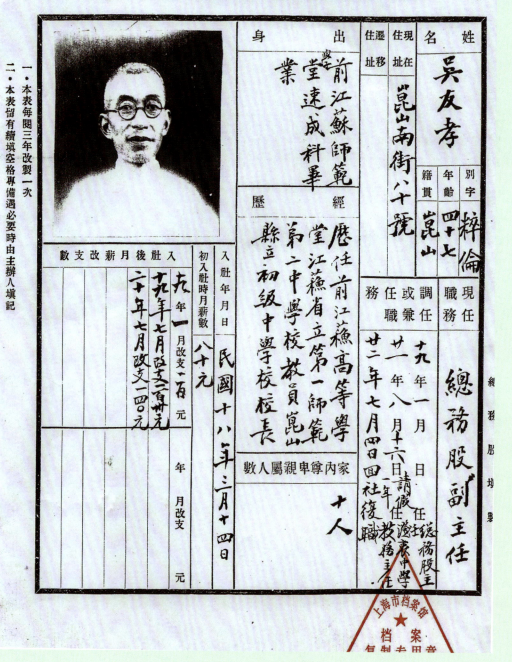

吴粹伦任职中华职业教育社时的工作证

澄衷学校校门

吴粹伦签署的澄衷学校毕业证书

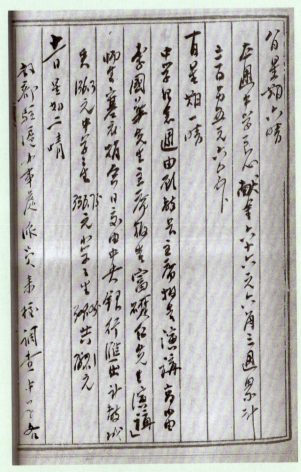
吴粹伦在澄衷学校的最后一篇校务日志
（去世前12天所记）

澄衷学校历任校长

刘树屏（1857—1917）
晚清进士，翰林院检讨。1901年至1903年出任澄衷蒙学堂首任校长，离任后即赴南洋公学（上海交通大学前身）任校长。

蔡元培（1868—1940）
晚清进士，翰林院编修。1901年出任澄衷蒙学堂代理校长，离任后即赴南洋公学（上海交通大学前身）任职。

章 棂（1861—1949）
晚清进士，翰林院检讨。1901年来澄衷任教，1903年至1905年任校长，离任后即赴京师大学堂（北京大学前身）任校长。

曹慕管（1887—1929）
1901年至1905年在澄衷就读，中学毕业后选派赴日本早稻田大学学习，1912年至1927年任澄衷第七任校长。

葛祖兰（1886—1987）
著名俳句诗人。1901年至1905年在澄衷就读，1905年由澄衷选派赴日本早稻田大学学习，1912年起任澄衷教务长，1927年至1931年任澄衷第八任校长。

励乃骥（1897—1969）
著名考古和文物鉴定专家。1931年至1932年任澄衷第九任校长，离开澄衷后，赴宁波任省立四中校长、北平故宫博物院总务科长，后创办浙江象山私立第三中学（象山二中前身）并任校长。

吴友孝（1883—1941）
1929年在澄衷教数学教师，1932年任澄衷教务长，1934年至1941年任澄衷第十一任校长。来澄衷前任昆山县立中学校长和中华职业教育总社总务主任。

王 震（1890—1978）
1918年至1927年任澄衷体育主任，并兼任训育主任。1942年至1953年任澄衷第十二任校长，退休后任上海文史馆馆员。

董思林（1924—1967）
早年参加革命。1945年参加中国共产党。1949年由党组织安排到澄衷工作。1950年起任澄衷副校长。1955年至1967年任澄衷第十三任校长，1964年起兼任党支部书记。

吴粹伦长澄衷学校时的著名学生

陈占祥,我国著名建筑规划师,教授。1950年与梁思成合著《关于首都建设的意见》并一起设计了人民英雄纪念碑

高文彬,我国著名法学家,教授。1946年至1948年参与远东国际军事法庭审判日本战犯

汤德全,中国工程院院士,矿山机电专家和教育家

於崇文(健在),中国科学院院士,教授,我国著名地球化学动力学家与矿床地球化学家

陆道培(健在),中国工程院院士,中国血液病学和骨髓移植专家,造血干细胞移植奠基人,创造了骨髓移植治白血病方面的6项世界纪录

李达三(健在),我国香港著名实业家,在澄衷设立奖教金并捐资建"李达三教学楼"

昆山《旦报》纪念吴粹伦特刊（1947年11月22日）

本书作者吴世明(左)访澄衷学校1940年毕业学生严智睿(右)

吴粹伦塑像(位于昆山市巴城镇)

沁园春·巴城吴粹伦塑像
王家伦(本书作者)

德茂材雄，苏昆两地，内外一肩。好讴书授馆，人勤友睦；填词撅笛，玉润珠圆。创业初中，扬名职教，执掌澄衷逾七年。爱家国，最奉公廉洁，岂作云烟！

先人如此层巅，令后辈、谁恇怯不前？涉杏坛师表，医农英杰；艺林魁首，文理名贤。不绝滔滔，弟兄姊妹，四代儿孙攀侧舷。竞炜烨，借春风桃李，再续新篇。

2020年2月17日

今日之昆山市巴城镇（吴粹伦家乡）

今日之昆山市巴城镇（吴粹伦家乡）

目 录

《吴粹伦传》读后感（代序） / 1
孜孜杏坛　遗泽流芳（代序） / 1

人勤家睦书山不倦　露水显山职场初临 / 1
珠圆玉润痴狂似醉　空谷幽兰艺苑飘香 / 7
回归故里三辞旧职　兴办昆中首创新风 / 15
一临沪上扬名职教　四顾城乡举目中华 / 29
忠诚教育杏坛改革　执掌澄衷遗泽流芳 / 40
奉公廉洁鞠躬尽瘁　爱国亲民慷慨倾囊 / 62

附录一　吴粹伦年谱 / 73
附录二　吴粹伦存世文章 / 75
　　发刊词 / 75
　　本校之过去现在及将来 / 77
　　关于假期作业的一个报告 / 80
　　我所望于本校同学 / 86
　　关于"伟人选举" / 87
　　我们该怎样纪念澄衷先生 / 91
　　二十三年度之本校概况 / 95
　　写在小学部恳亲会闭幕以后 / 114

我们则效了澄衷先生没有？ ／120

参观上海市运动会第二日总报告 ／122

澄衷学生 ／129

建筑新校舍刍议 ／131

附录三　吴粹伦译文 ／138

美国教育的职业化运动 ／138

英国之补习教育 ／142

日本女学生职业志愿之调查 ／145

谈谈重水 ／151

附录四　他人回忆文章 ／156

我的伯父吴粹伦（吴保康口述　王佳妮整理）／156

悼吴粹伦先生

——他具有标准的人格，他是个标准的校长（炎父）／159

吴粹伦和上海澄衷中学（王震公）／163

四载澄衷　沐浴春风

——七十年前旧事琐忆（严智睿）／165

后记 ／172

《吴粹伦传》读后感

（代序）

因为从事昆剧工作的缘故，在20世纪50年代初，我就曾从前辈口中听说过已故的吴粹伦先生是一位造诣很高的大曲家，又是苏州昆剧传习所12位董事之一，对昆剧的抢救保护工作做出过贡献。到了80年代，我又因参与《苏州戏曲志》的编审工作，读到了吴粹伦先生的小传，从而对他的事迹多了一点了解，但依旧只是泛泛而已，许多细节是不知道的。

感谢吴世明同志为其祖父编写了这部传记，我又有幸先睹原稿，才对吴粹伦先生有了进一步的认识，并且感触良多，我的心情可以用"肃然起敬"四个字来概括。

吴粹伦先生毕生的主要贡献无疑首先是在教育工作方面，他有教育救国的强烈使命感与责任感，所以办教育是倾注全力的。他又能随着时代的发展不断吸收新思想、新知识，他自己主持的学校，教育质量一步步提升，不断迈向新的境界。

他倡导德、智、体、美全面发展的通才教育，在此基础上，更注意因材施教，引导学生对未来学业做个性化选择，并为此在必修课外增设多种选修课，还聘请专家举办相关讲座；又鼓励学生组织社团，开展各种课外活动。凡此种种，足以想象当时开放而活跃的学习氛围。在他的精心培养下，学生的成才率极高。从他所办的学校毕业，日后成长为国之英才的知名人士，可以列出一长串名单来，这当然绝非出于偶然。正因为其办学成绩卓著，吴粹伦先生还很年轻时便享有"小蔡元培""江苏蔡子民"的美誉。

在这样的一张成绩单面前，吴粹伦先生却常常拒收全额薪金（并非是高薪）。这里有他对贪污这一行为的界定，他说："不是多得非义之财才叫贪污，而是一个人做事才力与报酬不相称，倘若自己不明白，照数收受就叫贪污。我的才力不过如此，怎么可以多得呢？"又补充说，"我非矫情，求与劳力相称耳"；实在推却不了时，他便将部分薪金捐作学生助学金等。而他的家庭并不宽裕，是完全依靠工薪收入生活的，这足见其品格之高尚。

关于吴粹伦先生教育工作方面的种种事迹，吴世明同志搜集到的材料非常丰富，我这里就不复述了。

现在要说一说吴粹伦先生与昆曲结缘的事。

人们走近与走进昆曲通常无不经过以下的历程：先是由于种种的机缘，有些人接触到了昆曲；其中有一部分人（不会是全部，甚至只是其中极少的一部分）从此对昆曲产生了兴趣，于是遇有昆曲的演出，会主动购票前去观赏，成为真正意义上的昆曲观众。就在这些观众中间，一部分人因为接触昆曲多了，兴趣浓了，产生了自己也想学唱学演、自娱自乐的冲动，于是他们便集合同好，聘请教师，展开了曲叙活动；进而又组织曲社，把学唱念、学表演乃至登台彩串的活动经常化、制度化起来。为了与专业昆曲艺人有所区别，他们被称为"曲友"。就在这些曲友之中，又会有一部分人并不满足于一般的学唱学演，而是进一步深入钻研，做起昆曲的学问来；由于他们普遍文化修养较高，能把昆曲的文学、音乐乃至场上艺术的认知和理解上升到理论层面，也即不但知其然，且能知其所以然，所以这些曲友一旦学而有成，便被尊称为"曲家"。

然而直至此时，这些曲友、曲家们所从事的活动都还停留在自娱自乐的层面。他们利用闲暇的时间，享受着昆曲文化，追求的是自我精神生活的满足（不少曲友无须为生活奔忙，闲暇时间是很多的），他们的基本心态是：我爱昆曲，昆曲为我所享用。

渐渐地，从他们中间又分化出一部分境界更高的人士来。他们因为更加深入地认识到了昆曲的不朽的文化价值，从而产生了使命感与责任感，愿意为昆曲事业的承前启后、继往开来、发扬光大贡献力量,成为"志愿者"。他们的心态便不再停留在"我爱昆曲,昆曲为我所享用"的层面,而是一跃而提升到"我爱昆曲,我为昆曲做奉献"的境界了。

这样的历程,时间不免漫长,而吴粹伦先生走进昆曲却是飞跃式的。他无疑一开始便是出于对昆曲文化价值的认知,出于一种使命感,才去研习昆曲,并准备着为昆曲做奉献的。

首先,他显然不是为了休闲或自娱自乐才走进昆曲的,他的工作,以及他给自己规定的"为补充新知识而继续学习"的繁重任务,使得他必须从百忙之中挤出时间,才能分身顾及昆曲。他在曲学研究方面又很快地就有了极高的造诣,他能唱曲,能奏笛,能填词,能谱曲,又因为与曲学大师吴梅合作——为吴梅剧作谱曲,大获好评,而一时有"二吴"之称。假如没有强烈的使命感,没有充沛的内心动力,如何做得到!

说到为昆曲做奉献,就在他开始研习昆曲的同时,他便把昆曲作为美育的内容引进了他所在的中学校园(并亲自执教),这在国内实属首创。他又参加与创办昆剧传习所,为12位董事之一,而且在本人当时家庭负担极重、生活相当拮据的情况下慷慨捐款,资助传习所开办,这样的情况大约是12位董事中的唯一。

吴粹伦先生一生处事低调,他的许多事迹少为人知,然而他高尚的精神与品德,恰恰应当是后人效学的亮点,所以有必要大大发扬。

文化与文明的传递是一场没有终点的接力运动,为了人类的事业,正需要不断地有更多的人来接棒加盟。为此,我向读者郑重推荐《吴粹伦传》。

顾笃璜
2014年8月于苏州

(顾笃璜,苏州昆剧传习所所长,苏州过云楼主人顾文彬的玄孙,著名的昆曲、苏剧研究者。曾任苏州市文化局副局长、苏昆剧团团长)

孜孜杏坛　遗泽流芳

（代序）

19世纪中叶以后，中国进入了一个充满动荡与变革的时期。鸦片战争爆发，列强以坚船利炮打开了古老中国的封建大门，中国开始进入半殖民地半封建社会。"中国向何处去？"这一与民族生死攸关的问题严峻地摆在了中国人的面前，也成为当时中国知识分子忧患的主题。从此，中华民族开始了"救亡图存"之路的艰难跋涉。这一时期的一批知识分子，以自己远大的志向、开阔的视野、独特的思想、高尚的品德和人格魅力，投身教育改革的实践中，引领时代前进的步伐。

吴粹伦先生正是在中国近现代独特的时代背景下生长起来的教育家。他生长并活跃于地理位置、经济发展、文化教育等在全国均占优势的苏南，得风气之先，学贯中西，博采众长，以大无畏精神，革故鼎新，投身中国近现代波澜壮阔的教育改革潮流中，为当时苏南教育的现代化做出了卓越的贡献。

吴粹伦（1883—1941），名友孝，以字行，昆山人。宣统二年（1910）于江苏师范学堂毕业，后为昆山樾阁学堂、江苏省立第一师范学校、江苏省立第二中学教师。1923年，方还等人倡议成立昆山县立中学（今昆山市第一中学前身），吴粹伦被聘为首任校长，又任上海澄衷中学教务长、校长等职。为办好学校，吴粹伦先生殚思竭虑，为昆山县立中学亲笔题写"诚笃朴实"的校训并身体力行。他投身教育四十余年，办学成绩斐然，1939年教育部特发电报予以褒奖。

在动乱多难的中国，吴粹伦一腔爱国热血，向往光明和正义。每年的

"五一国际劳动节""五三济南惨案纪念日""五四新文化运动纪念日""五九国耻（袁世凯政府同日本签订卖国的'二十一条'）纪念日""五卅南京路惨案纪念日"等，他必亲自主持集会，强烈谴责帝国主义列强瓜分中国的罪恶行径，号召学生以顾炎武的名言"天下兴亡，匹夫有责"自勉。他还为保护爱国学生、革命志士而多方奔走助援。

吴粹伦博学多能，精理科，通日语，长于古文诗词，尤其喜爱昆曲。在昆山中学任职时，他用昆曲曲调谱写校歌，并在学生会创设昆曲组。他颇具长者风度，对友人、对同事、对学生皆诚恳正直，情深意笃，且严以律己，处处以身作则，深受时人的爱戴与敬重。"八一三"事变后，日军飞机轰炸昆山县城，吴粹伦流离失所，悲愤交加，于1941年11月在沪病逝。

以吴世明为代表的吴氏后人，怀着对吴粹伦先生的尊敬、挚爱、缅怀之情，撰写了《吴粹伦传》。该书以"人勤家睦书山不倦　露水显山职场初临；珠圆玉润痴狂似醉　空谷幽兰艺苑飘香；回归故里三辞旧职　兴办昆中首创新风；一临沪上扬名职教　四顾城乡举目中华；忠诚教育杏坛改革　执掌澄衷遗泽流芳；奉公廉洁鞠躬尽瘁　爱国亲民慷慨倾囊"这六个主题，全方位地向读者展示了吴粹伦先生的教育思想与教育实践。

尤其要指出的是，中国近现代之际"动荡"的时代背景，使得这一时期教育家们的人生经历也充满了起伏与动荡，加之时间原因，给这些人物资料的搜集整理带来了诸多的困难与不便。在这样的情况下，吴氏后人耗时费力，多方搜集并整理了现存的有关吴粹伦先生的资料，写成《吴粹伦传》。《吴粹伦传》以丰富、翔实而集中的史料，为后续研究者提供了条件与便利，也为教育历史人物的研究奉献了一笔宝贵的财富。

从《吴粹伦传》中，读者可以看到：

其一，吴粹伦先生从小浸染在浓郁的吴文化氛围中，好学上进，知识渊博，求精求新，敢为人先，为革新和发展当时的吴地教育，做出了可贵的贡献，其芳泽至今留存。

其二，《吴粹伦传》通过丰富的史料，从时间、空间角度对吴粹伦先生的教育成就进行了谱系梳理，立体式、多角度地勾勒了其成长为教育家的过程及影响因素。

其三，《吴粹伦传》以吴粹伦先生的生活历程为线索，通过一个个具体事件，展示了吴粹伦先生的教育生平，使读者从中领略到吴粹伦先生的价值观念、处世态度、道德情操、教育信仰等，也折射出吴粹伦作为教育家的人文情怀与意义世界。

《百年之功——中国近代大学校长的教育家精神》（福建教育出版社2005年版）的"再版前言"中有这样一段话：选择这样一些历史人物和这样一个题目来进行研究，其理论价值和现实价值，非但没有因时间的推移而降低，甚至于今显得更为必要，更为迫切；同样，我们对这些著名校长的崇敬与钦佩之情，也丝毫没有因时间的流逝而减弱，反而有历久弥新、与日俱增之感。

笔者曾在拙作《近现代苏南教育家概览》一书的"后记"中引用过上述这段话，今天，在品读《吴粹伦传》并为之作序时，再度引用，借此表达对教育家进行研究的意义与价值，更借此表达我作为后辈学人写这篇序言的理由。作为从事教育理论研究的学者，对教育人物的研究也一度是我的研究方向。教育是人类永恒的事业，无论到什么时代，如吴粹伦先生那般一生尽瘁于教育事业的教育家们永远值得后人追忆与敬颂。

尹艳秋
2021 年 2 月 18 日

（尹艳秋，苏州大学教育学院教授）

人勤家睦书山不倦　露水显山职场初临

吴友孝，字粹伦①，清光绪九年癸未（1883）七月二十一日辰时生于昆山巴城顾巷栅一书香门第。其后有弟学孝（字稚田）一人，妹两人。

父亲吴奕如，字思贤，饱读诗书，满腹经纶，因家道中落，生活很是清贫，只能当塾师以养家。其古朴质实、淳厚端方的品行为乡里所仰重，声望极高。取"思贤"为字，就是为了时刻提醒自己永不忘贤人的教诲，做一个贤人。给儿子取名"友孝"，同样有做人要友善、对长辈要孝顺的深刻寓意。母亲金氏，贤达识礼，常以针线助家。因此，吴粹伦自幼就受到了良好的家庭教育，学习勤奋刻苦，从未有丝毫懈息。

1888 年（戊子），吴粹伦 5 岁②，迁居昆山县城大西门（留晖门），从胡干臣先生受业。学业冠同窗，常得先生夸奖，成为其余学子学习的榜样。

1898 年（戊戌），吴粹伦 15 岁，入戴氏私塾深造，从严泳山先生受业。因此时其父奕如先生病入膏肓，吴粹伦不得不在东门（宾曦门）吴亮臣先生处教授幼童。幸而教授得当，谋得斗升以资家用，用其稚嫩的双肩挑起了养家的重担。即便如此，仍不辍学业，常在油灯下看书到深夜。

功夫不负有心人，1901 年（辛丑），18 岁的吴粹伦以第一名的成绩入泮（考取秀才）。

因学识深厚，教学认真，待学子友善，1902 年（壬寅），吴粹伦受聘于北乡坍石桥朱渭生先生家当塾师。

---

①　传主 1905 年至 1923 年 8 月与 1928 年 8 月至 1941 年 11 月 22 日用名吴友孝，其余时间基本以字"粹伦"行。由于《中国昆剧大辞典》与《教育辞典》都用名"吴粹伦"，故本传叙事文字中一概用名"吴粹伦"，具体引用文字则尊重原文。

②　本书中凡涉及传主年龄一概用周岁表示，具体引用文字则尊重原文。

1903年（癸卯），20岁的吴粹伦娶北城河岸龚氏为妻。婚后三个月，母金氏太夫人病故，父病重，弟妹年幼，家境愈加窘困，遂改去苏州名医马小岩先生处当塾师。此时收入稍丰，加之夫人龚氏贤惠能干，替人浆洗缝纫贴补家用，方免一家冻馁。他见夫人一人在家操持家务，既要照顾重病的公公及年幼的弟妹，还要抚育嗷嗷待哺的幼儿，整天迈着一双三寸金莲忙前奔后，甚是辛苦，但毫无怨言，心中很是感激，就对她说："你把足放了吧。"他夫人道："你不怕别人说你？"他说："只要你感到好就行。"

他夫人也是个豁达之人，当即就把缠脚布解了下来，这在清光绪年间需要极大的勇气和胆识。（当年笔者回昆山老家，还特地让祖母脱了鞋袜查看一番，果真是放了足的。）此举让一些妇人甚是羡慕、忌妒，也引来极少数开明家庭妇人的效仿，同时也遭到一些长辈尤其是一些遗老的非议。龚氏对赞同者告之放足的好处，尤对同好者给予鼓励；对于闲话，她与夫婿只当耳边风，一笑置之。自放足后，她家里家外忙得更欢快了，家里的事从不要丈夫操心，夫婿在外放手忙学业、事业，只需到时将所得交给她维持家用。家用往往不够，龚氏还得设法填补，不到万不得已从不向丈夫开口。一家人虽清苦，倒也其乐融融。

光绪三十一年乙巳（1905），吴粹伦22岁，清廷施新政，废科举，办新学。新学发轫，也就断绝了诸生的仕途之路。吴粹伦感到靠旧学已不能报效于国，报效于民，遂回去和夫人商量。龚氏说："你认为对，你就去。"吴粹伦说："那家里就得全靠你了。"龚氏说："放心吧，我一定把家照顾好。"

听夫人如是说，加之夫人的一贯作为，吴粹伦完全打消了顾虑，毅然辞去马氏馆的职务，考入江苏师范学堂。

江苏师范学堂由金石学家、时任江苏巡抚的端方（字午桥）创建，聘著名学者罗振玉任学堂监督。罗振玉十分勤奋，治校严格，为学校制定了详细的规章制度，严把入学关。他对待学生亲如子弟，不摆架子，和学生同膳。除休沐日外，身不离校，每天到课堂督课，到寝室观察学生言行。课余时分别接见学生，诫以品行，培养学生师表情操，以无愧"师范"两字。聘日本文学博士藤田丰八郎为总教习（首席教员），该人精通中文，待人和善，办事认真，作风正派。聘国学大师、享有国际声誉的著名学者、"甲骨四堂"之一的王国维（号观堂）为教员。

吴粹伦在校期间，可说是废寝忘食地学习。除学习本课程外，还到其内的紫阳书院饱览群书，受益匪浅。紫阳书院系清康熙五十二年（1713）由理学家、江苏巡抚张伯行在府学创设，主要目的是培养经学研究的高级人才。杨载《平江路重修儒学记》中记载紫阳书院内的"尊经阁"藏书非常丰富，包括"十三经""二十四史"等，足有万册之多。吴粹伦为探索今后办学方向，仔细研究了该校历史。

府学首创者为范仲淹（989—1052）。范仲淹，字希文，谥文正，世称"范文正公"，是北宋著名的政治家、思想家、军事家、文学家、教育家。他认为国家要兴旺，一定要培育人才，故每到一地必先兴学聘师。1035 年，范仲淹在苏州为官，购得一风水宝地，风水先生说此当世出卿相，范仲淹心想："吾家有其贵，孰若天下之士咸教育于此，贵将无已焉。"遂将宅地捐出兴办学堂。上报朝廷获批，一所新型的示范学校——苏州府学（时称州学）创建，择生均以范公的"以德为先"为标准。

范仲淹非常重视掌学人的选择，所选之人必须德才兼备，能言传身教，因此，他聘北宋著名的学者、教育家胡瑗（993—1059）执教。胡瑗字翼之，学者称之为"安定先生"，他创建了"安定学法"（亦称"苏湖教学法"），"科条纤悉备具"（《宋史·胡瑗传》），是一套比较完整的、符合教学客观规律的教学法。它产生于近千年前，谱写了我国教育发展史上新的篇章，开地方府学之先河，成为各地州县效仿的楷模。一时间各州县纷纷办学，故苏州府学是一座新型的"示范"学校。对这段历史探索后，吴粹伦茅塞顿开——办学就应该这样。

优良的学习环境、卓越的师资加上天资过人、勤奋好学，吴粹伦的各科成绩除图画、体操外，均为鳌首，他尤长于数理化，仅学一年就毕业了。总教习日本人藤田丰八郎非常惊讶，叹曰："从未见过这样的好学生，一年的成就实胜过日本高等师范生。"当年与吴粹伦一起学习的教育界知名人士江问渔、王朝阳（号饮鹤）均学习了两年才毕业，叶楚伧则学习了三年，他们对吴粹伦非常佩服，也非常敬重。

江苏师范学堂的学习生涯，使得吴粹伦学识愈加渊博，知识面更加宽广。学长们优良的品行、献身教育的精神，尤其是范仲淹"先天下之忧而忧，后天下之乐而乐"的名言,均深深地影响着他。这是吴粹伦人生的转折点,对他今后的成长和从教道路至关重要,也使他确立了今后教育报国、教育为民的坚定信念,确定了今后办学的方向、宗旨,拥有了为人师表应具备的德才。

1906年(丙午)5月,23岁的吴粹伦毕业于江苏师范学堂。该年6月28日《申报》登有《苏州师范学堂卒业名单》,名单如下:

苏州师范学堂卒业名单

师范学堂速成科甲班于上月行卒业礼。日前,陈中丞茌堂发给文凭,计三十六人,姓名录左:

邱光烈、赵曾翔、吴兆烈、汪克峻、黄守槃、陈学增、吴炳生、孟晋、之昭、程家藩、金鹤清、李邦寿、吴廷策、陈立言、庄承第、周宝圭、范实、程鲁清、徐勤业、华凤孙、吴棠、陈文熙、张弼臣、陈捷之、杨文珪、唐昌言、范玉麟、王怡增、王朝阳、巢桢、沈国亮、唐文起、陆文炳、戴鸣恒、吴友孝

毕业后,吴粹伦应聘到昆山集街樾阁公学当教师。未满一月,即被苏州巡抚端方调任江苏高等学堂(即江苏师范学堂,按当时学制,高等学堂在中学之上,犹若今之学院),任理化课日文翻译(相当于现在的助教)。这在当时是个特例,按规定,师范官费栽培的毕业生必须效力本省或全国教育职事之工作六年,其中两年为当尽之义务,不得规避。如王朝阳学习两年毕业后就到辛安、练罗一带从事小学教育,直到1907年7月再次考入江苏师范学堂,为选科插班生,继续深造。两年后毕业,仍未留校,又回到常熟从事小学教育,直到他有了一定的资历,在教育上做出了一定的成绩,才在1916年被聘到江苏师范学堂任校长。可见当时江苏巡抚对吴粹伦的德才是多么赏识。

另一个很重要的原因是,当时的江苏师范学堂聘了多名日本教员与日本教习任课,因无适宜课本,必须自编讲义。日本教习编的教材,自然是日文。凡直接听讲班级,均发给日文讲义,或用日本原版教材,其他班级则经中国翻译译成中文,装订成书或当作讲义发放。因此,必须有一个精通日文,并且理化知识扎实的人来翻译这些教材。此外,日本教习各人教风不一:一部分日本教习上课认真,以讲义为教学大纲,抓重点,反复讲原理,随时提问,检查笔记,帮助学生分析,学生学得扎实;另一部分日本教习仅照文(讲义)宣读,抄抄

黑板，学生学得肤浅，不得要领，须课外有人辅导。这个课外辅导及从事翻译的人选至关重要，总教习藤田丰八郎自然就想到了刚毕业的学生吴粹伦，觉得非他莫属，于是向校方做了推荐。

这份工作很辛苦，工作量大，时间紧迫，加之吴粹伦做事特别认真，每一个字、每一个推理都反复斟酌和推敲，一有疑问即请教日本教习。他加班加点，常常工作到深更半夜。

当时教学除用日文教材外，大多用英文版的原著，于是吴粹伦又自学了英文。不久教师改聘美国人，吴粹伦因之亦能翻译，听讲的学生莫不惊叹。后在昆山县立中学当校长时，吴粹伦曾劝生徒："多通一国文字语言，便是多熟谙一项做学问的良好工具。"

在此期间，吴粹伦对古文、诗词亦不放过，还对音律做了深入的研究。

吴粹伦工作出色，深得校方看重、学子爱戴，不到三年，就从翻译转为教授数理化的教员。学校因辛亥革命一度停办，不久改称"江苏省立第一师范"，吴粹伦则继续任数理化教员，同时受聘于草桥公立中学（后改称江苏省苏州第一中学）任数理教员。吴粹伦在这两校任职期间，著名教育家、作家叶圣陶，教育家、语言学家吕叔湘，中共早期领导人博古，历史学家、民俗学家顾颉刚，中国近代力学之父、教育家钱伟长，文字学家顾廷龙等，均曾是他的学生。

1923年5月6日，吴粹伦参加审查教育成绩品苏常道教育成绩展览会，当日《申报》登载如下：

苏州审查教育成绩品

苏常道教育成绩展览会自四月二十六日开幕，会期一旬，瞬已闭幕。当由会长蔡道尹推定审查长张仲仁，副审查长刘北禾，学校行政股费朴庵、苏讷侯，史地股许王斋、丁放鹤、刘藕舲、吕诚之，文学股汪仲周、何仑生、杨南琴、王天任、陈三立、何子洲、汪毓周、周硕丞、孙仲瑜，数学股吴粹伦……

业于五日下午一时半起开始审查，决定审查至六日下午六时竣事，尽于一日半以内审查完竣。大学专科成绩不付审查，作参考品。审查簿以分数代评语，遇有特殊成绩始加评语，其审查标准依照会长意见，分普通标准与分股标准两项。普通由道尹会同审查长规定，分股由十三股订定宗旨，重创造，不贵摹仿，有创造心得者给特等。

分数以百分为限，九十分上为特等，八十分上为甲等，七十分上为乙等，六十分上为丙等，六十分下为丁等。道尹公署昨并分令道属各县知事转函各学校，限于本月八日以前，派员来苏领还成绩品，以资结束。

1923年8月19日，吴粹伦参加江苏省教育会理科教授研究会，8月20日《申报》登载如下：

江苏省教育会理科教授研究会于昨日上午十时开职员会议，到会者为：……兹悉其议决事件如下：……大会秩序为报告演讲、提议事件、改选职员，并推定会场干事如下：……

二十八日举行小学组，并推王饮鹤、黄颂林、陈敬如、顾欣伯、吴广涵、吴粹伦、钱梦渭、刘之常、钟衡臧九名为筹备员，即分别函请担任；一件报告本会实验室，于本年下半年九月起，请助理员一人，协助管理员处置一切。

珠圆玉润痴狂似醉　空谷幽兰艺苑飘香

吴粹伦嗜爱昆曲，有着深厚的古文、诗词和音律功底，授课之余常读曲自遣，并因之在苏州任教的这段时间里（1905—1923年），结识了曲学大师、戏曲理论家和教育家吴梅，曲家、民族实业家张紫东和穆藕初等一批喜爱昆曲的社会名流、雅士。闲暇之余，他常与清末民初"江南曲圣"俞粟庐及"昆曲泰斗"、京昆表演艺术家俞振飞父子一起切磋曲学和昆曲唱艺，获益匪浅。

吴梅时在东吴大学（苏州大学前身）任教，1911年，其蒲林巷新居告竣，吴粹伦等昆曲同好常去蒲林巷"草堂""唱和酬酢"。不久，吴梅又应时任江苏师范学堂校长的王朝阳之邀去兼职任教，上课时一手捧讲义，一手持一根为昆曲伴奏的曲笛"指点宫商"。他和吴粹伦成了同事，接触更多了，互相有了更深的了解。

王朝阳在1905年和吴粹伦同时考进江苏师范学堂成为同学，其毕业数年后再次考入江苏师范学堂，和吴粹伦又成了师生关系；1916年，王朝阳被聘为校长，他们又成了上下级关系。每每说起，两人都感到非常有趣。王朝阳也非常喜爱昆曲，诗词功底非常了得，常利用课余和吴粹伦共探音律，两人成了至交。他们时常同去郊游，如相约汪鼎丞、潘震霄、童伯章等共游天平山，吟诗拍曲。王朝阳还时常邀吴梅去家中用餐，餐后或唱昆曲，或长谈，他常在吴梅面前夸吴粹伦深谙音律。这些在王朝阳的遗著《柯亭残笛谱》中均有记载。

吴梅在1920年左右写就《惆怅爨》，其中包括《香山老出放杨枝伎》一折、《湖州守干作风月司》（以下简称《湖州守》）两折、《高子勉提情国香曲》一折、《陆务观寄怨钗头凤》一折。出于对吴粹伦音律功底的了解，吴梅特请他为其中的《湖州守》两折打谱。

《湖州守》讲的是唐代著名诗人杜牧的生前轶事，其到湖州访问刺史崔元亮，在观看游船嬉水时，结识了少女绿叶，相约十年后来迎娶。谁知仕途蹭蹬，他在十三四年后方再去湖州，此时绿叶已嫁人并育有两子，好姻缘成了泡影，诗人怅然若失。两折戏都由男角杜牧（正末）主唱，第一折由【黄钟醉花阴】等13个曲牌组成联套，另插入游船众人所唱的【龙舟歌】等4支曲子；第二折由正末主唱【正宫端正好】等15个曲牌组成联套。

昆曲的打谱并非易事，吴梅在《霜崖三剧歌谱自序》（吴梅在其所著剧本中挑出自己喜爱的三种——《湘真阁》《无价宝》《惆怅爨》编辑成《霜崖三剧歌谱》，并在自己50岁生日时付印出版）中指出，制谱是一件非常困难的事："夫以吾国人才之众，度曲家之多，而据旧律以谐新声，瞻望南北仅有数人，又何其难也。"他援引乾隆年间叶堂辑《纳书楹曲谱》邀请王治文和许穆堂参定的例子，说明最有权威的曲谱也是依靠众手完成的。所以自己的剧本也邀请了三位曲家协助制谱，他们都是堪称"据旧律以谐新声"的最佳人选。

曲家张茂炯在《霜崖三剧序》中说："今霜崖举所为《三剧》手自校订，必详必慎，其于声律，庶乎无毫发憾矣。"同好夸其"词律并佳"。对吴粹伦制谱的《湖州守》，谙于此道人士，莫不交口称之，叹为"工绝"，《中国昆剧大辞典》也有评论说："粹伦博学多才，长于古文诗词，尤嗜爱昆曲，工正旦，凡填词、谱曲、拍曲、擪笛，无所不能。"曲坛上素有"二吴"之誉，蜚声曲界。

昆曲不单是一个剧种，它的出现是我国戏曲艺术成熟的标志，起着典范的作用，同时期或后起的不少剧种为了完善自己，都自觉或不自觉地向昆曲学习。昆曲曾作为"国剧"占据明清剧坛两三百年，到清末衰落，几成绝响。

正值此时，一批有识之士在辛亥革命和五四运动的影响下，提出了"振兴昆曲"的口号，他们组织曲社，整理出版曲谱，创作新传奇、新杂剧，灌制唱片，录制广播节目，并将昆曲引进学校。对此，吴粹伦均积极参与其中。

1921年7月，苏州"谐集"和"禊集"两个曲社合并组成"道和曲社"，取"同道相和"之意，从此和睦相处，共为昆曲。吴粹伦积极入社，成为道和曲社首批会员。社址设在苏州玄妙观机房殿来鹤堂，社长汪鼎丞，每月同期一次，一周年时举行过大型曲叙。每有活动，吴粹伦必积极参与。

为纪念曲社成立一周年，道和曲社的所有曲友齐心协力，共同辑成《道和曲谱》四册。其中"道和曲第一",抒发了"道和"人喜爱昆曲,志在昆曲的情怀;"道和曲第二",暗藏30位首批会员的姓氏及名号、住址;第三部分是"道和"一周年纪念曲,记录了曲叙的盛况,表达了曲友们"一任他白云苍狗多喧闹,且只管对酒当歌破郁陶,'道和'好唱荆钗全套,愿同人年年会合在今朝"的心愿;第四部分是"道和"俱乐部会员姓氏录、照片;最后是《荆钗记》曲谱,吴梅特作小序,曲谱计有《寿眉》《议亲》《闹钗》《绣房》《前逼》《别祠》《送亲》《遣仆》《回门》《参相》《别任》《改书》《后逼》《投江》《捞救》《女祭》《脱冒》《见娘》《梅岭》《男祭》《开眼》《拜冬》《上路》《男舟》《女舟》《钗圆》,共二十六折,整个曲谱唱词宫谱准确,念白科介详审,抄缮工整,印刷精良,由上海天一书局于民国十一年(1922)6月印行。

同年8月,以张紫东、贝晋眉、徐镜清为首,创办了"苏州昆剧传习所"。苏、沪两地的一批世家子弟、商界精英、社会名流、昆曲知音和行家因酷爱昆曲,深知昆曲之价值,视之为国粹瑰宝,纷纷响应,慷慨捐资,合计大洋1000元。吴粹伦其时上要赡养病重之老父,中要培植弟妹,下要抚养年幼子女,一家人居住在陋室(笔者父亲曾说,幼年时家贫买不起棉裤,兄弟姊妹均以单裤过冬),但仍义无反顾地捐了款。届时选出了张紫东、贝晋眉、徐镜清、汪鼎丞、孙咏雩、徐印若、叶柳村、吴粹伦、吴梅、李式安、陈冠三、潘震霄等12人为董事,培养了"传"字辈的一代昆曲艺术家,使几乎被历史长河湮没的昆曲得以薪火相传。

今天,要研究中国古典戏曲文学剧本的舞台体现,不研究昆曲不行;要研究中国古典乐曲(从声乐到器乐曲),不研究昆曲不行;要研究中国戏曲的表演艺术,不研究昆曲不行;要研究中国戏曲舞台美术的形式与演变,不研究昆曲不行;要研究中国戏曲的艺术规律,不研究昆曲不行;要把中国古典戏曲文学剧本按原著并按古典戏曲模式搬上舞台,首选甚至唯一可选的剧种当然是昆曲。可见当年创建苏州昆剧传习所之历史意义。这些先贤功不可没,将永垂千古。

1921年,寓居在苏州的曲家和实业家张紫东先生,为纪念嗣母尤兰因抚育他们兄妹,一生操劳无怨无悔的贤良美德,编辑了《清河节孝褒扬录》。当时与张紫东交好的众多社会名流、政界要人、文人雅士纷纷撰文,吴粹伦作为好友之一，也是张紫东昆曲界至友中（除吴梅外）唯一被邀撰文一篇的人。该书于同年付印出版，并被收藏于上海图书馆。

1921年，吴粹伦应穆藕初之邀参加了由他创建的"上海昆曲保存社"，沈彝如（穆藕初秘书）在《传声杂记》中记载：

> 1922年（壬戌）正月十五日赴上海，参加"上海昆曲保存社"之昆曲会串。七点钟，同志乐至四马路长乐叙茗茶，朱湘波、吴粹伦、汪鼎丞、沈芷蘭、沈梦伯、杜嫩仁、李大双诸君已到，许记根随至，沈梦伯、惠抄先行，余后至白克路殷震贤处，志乐、粹伦、鼎丞均在，余先到闵采臣处午膳，又回至殷震贤处……十六日……一点钟（下午）与志乐同去北四川路青年会屋顶为昆曲保存社纪念摄影，到者逾百人，我昆朱湘波……粹伦、采臣已在。

沈彝如之女说，多年前曾看到此照片，吴粹伦穿着长衫，戴着眼镜。只可惜该照片在"文革"中被毁。

吴粹伦酷爱昆曲，长昆中时，特在文娱组下设昆曲组，每周四下午三点开始活动。为避免刻写蜡纸时发生错误，他亲自缮刻，亲自授曲、撅笛，一字一句反复示范教唱，不厌其烦。所授曲目有《渔家乐》《邯郸梦·仙园》等。学生胡福章、俞翰屏、陈中辅、王曰仁、陶伯和、潘少宣、沈慎修、李汉良、陈肇邦、陆正文、沈秉仁等，成为当时活跃在曲坛上的一批骨干力量。抗战前，为表对原任校长吴粹伦的爱戴，成立名为"伦社"的昆曲社，抗战胜利后建立了"景伦曲社"。以人名作为曲社名，这在昆曲界是绝无仅有的，可见吴粹伦在学生中的地位和声望。

昆中建校初，吴粹伦著校歌一首，请著名曲学大师吴梅以昆曲声腔谱曲，词意勉励学子勤奋学习，相亲相爱，并将顾亭林"天下兴亡，匹夫有责"的爱国主义思想贯穿其中（遗憾的是其词尚存，其谱已遗失）：

> 懿欤我校，冠昆山学校之群。
>
> 在石湖院址，与泮宫相邻，
>
> 弦歌相承，书声琅琅闻。
>
> 登玉山兮嵘嵘，挹娄水兮泫泫，
>
> 问谁继亭林经济、震川文？

愿我兄弟姐妹，相爱相亲。

今朝努力少年场，明日复青云！

充实为美，光辉是大，无间冠裙。

1923年秋至1928年夏，吴粹伦在昆山任职期间，因校务繁忙，未曾在当地任职某一曲社，或固定时间参加任何曲社聚会，只是偶有闲暇时被同校教师、业余曲家张英阁，伤科名医、业余曲家闵采臣邀约参加玉山曲社举办的"同期"等活动，与张英阁等同台唱曲。在学校里，则通过文娱部的昆曲组教学生拍曲，自己也尽尽兴。音乐老师王允功（原是吴粹伦的学生，也是国乐组辅导老师）也爱昆曲，能唱上几段，吴粹伦司笛，引嗓唱起了《牡丹亭·游园惊梦》和尤心怡的《玉簪记·琴挑》，唱得情意双浓，令人陶醉。当学生问及老师为何唱得如此之好时，吴粹伦回答说："一支曲子要拍上一百遍，才能牢靠；整折戏要总纲，不能专门学自己那一门，并且还要向前辈多讨教。"这些学生在日后的习曲过程中一直遵循吴粹伦的教诲，获益匪浅。

1928年秋至1934年7月，吴粹伦任职于上海中华职业教育社，在职期间还邀请了其同乡挚友、业余昆曲家张英阁来校任商科教员。而他的另一位好友，业余昆曲家穆藕初，曾是职教社的董事之一。闲暇之时，吴粹伦与穆藕初常在一起切磋昆曲的唱艺，也经常相约参加曲社的一些活动。穆藕初也曾受邀在吴粹伦后来任职的澄衷中学校庆仪式上发言。

1929年5月12日，吴粹伦参加家庭日新会，与杨子永、郁瘦梅夫妇联袂登台，清唱昆曲。该日《申报》登载如下：

家庭日新会今日大会

家庭日新会于今日下午二时在小西门外中华职业学校职工教育馆举行年会。其开会顺序如下：（一）行礼如仪；（二）开会词（主席团刘王立明、赵王淑懿、黄冰佩）；（三）会计报告；（四）国乐（大同乐会郑觐文先生）；（五）音乐（中西女艺）；（六）昆曲（吴粹伦、杨子永二先生，郁瘦梅伉俪）；（七）讲演（张竹君、陈咏声二女士）；（八）游艺（徐卓呆先生主排，陆怪怪、李丁丁表演）；（九）说书（朱慰元先生）；（十）提议事件；（十一）修改会章；（十二）改选职员开票；（十三）其他。

1932年（壬申），吴粹伦与交好张家凤、李昌炽、徐芙麟、王震公、周梅初、汪抡一、唐履亨、许鸿藻、蒋君履等因志趣相投，组成了壬申社（榆集）。吴粹伦常利用寒暑假期回昆之机，和大家聚会，或游览，或聚餐，或纵谈国家大事，或讨论文学艺术。由于社员中多数人喜爱昆曲，又自然形成了曲集，在一起拍曲，切磋曲学音律自是少不了的内容。原社址所在的玉山书院（第二中心小学东首时家园）现已拆毁。当时有一位曲友叫俞翰屏（吴粹伦长昆中时的学生），专攻小生，但他不是壬申社的人，而社内同人又都跟他熟悉，为了把他引为同道，便决定成立一个外围组织，由汪抡一命名为"榆集"。实为一套人马两块招牌，只是榆集多了个俞翰屏。

当时由吴粹伦代表榆集，出面邀请曲学大师吴梅来昆山作曲学演讲，请音乐家黄自讲乐理，请暨南大学文学院院长陈中凡和中文系主任龙沐勋讲诗词。据1933年1月24日及29日《瞿安日记》记载：

廿九日（西廿四日）。阴。早往桂芳，坐定而吴粹伦自昆山来。邀余新正初四日赴昆城榆集演讲，多年老友，情不可却，允之。遂邀至家午饭，并约咏雩、伯南作陪。粹伦去，余即往伯刚处，取《日下旧闻》、《通鉴》胡注校本二种，为书店抵股资。又取《开元释教录》（日本刊）、《辽史》（嘉靖八年刊）二书，是购定约期付款者。又至道和、适社一通。傍晚归。

初四日（西廿九日）。晴。清早起身，携四儿往昆山，应吴粹伦（友孝）之召，诣榆社演讲。七时半登车，九时许达昆山，粹伦已在车站候我，同至平常面馆。所谓昆山鸭面者，已十余年未尝此味，至是饱啖一顿，亦有前缘也。往粹伦家（住前滨九号）略坐，遂至社。社附图书馆中，建筑亦壮丽，闻止费二万余元，可云廉矣。十时后登坛演讲，历三小时许。讲毕午饭。席间有奏琵琶者，有度曲者，兴颇畅适。四时许出城，粹伦送至车站，为我买票。六时前至苏……

壬申社创有社刊《壬申》，为旬刊。因内容涉及批判时政，于1933年被国民政府勒令停刊，曲社的活动也就停止了。

《霜崖三剧》是吴梅的得意之作，对三位为其谱曲的曲家感情甚深（其中《湖州守》系吴粹伦定谱），曲友们对此三剧也非常喜爱，时不时会把三剧搬出来演唱。如1929年后成立的上海"啸社",每月同期一次,就会把此剧搬出来演唱。

张英阁,昆山人,业余昆曲家,吴粹伦挚友,曾在昆中任教。在一次排唱吴梅词、吴粹伦谱曲的《湖州守》全剧时,邀约吴粹伦前去观看。当时,吴粹伦长昆中时的学生俞翰屏也扮了一个角色。1933年8月27日(农历七月初七),吴梅在上海的别墅里办寿宴,吴粹伦也被邀前往。从下午一时到六时,众人唱完了《霜崖三剧》全本。感动之余,吴梅当场作【懒画眉】三首答谢。

吴梅在中央大学执教时,词家龙沐勋从上海来南京,一下车,即被吴梅的学生、词学家唐圭璋特意约去同游玄武湖(亦称后湖)。龙沐勋在《记吴瞿安先生》一文中写道:

> 他老人家带着一位儿子,和唐君连我四个人,坐上小艇,叫唐君吹起笛子,他父子两个,唱起他新近刻成而颇自命得意的《霜崖三剧》来,袅袅余音,绕云萦水,真叫人有"望之若神仙"之感。一直游到夕阳西下,才收艇归来。我最近两三年,每到后湖,总会想起这次游湖的风趣,不禁唱出"此曲只应天上有,人间能得几回闻"这两句唐诗来。

1948年11月18日《申报》上曾登载这段故事:

记吴霜崖

陈左高

> 曲学大师吴霜崖(名梅,字瞿安,霜崖其号),述著奋有作词、制谱、度声三者之长,生平尤富民族思想。其初习为曲,泰半倩至友吴粹伦(名友孝)代填工尺。岁癸卯,始作《血花飞》(传奇名),写革命流血事,意寓喋血房廷,尽屠夷种。时瞿安父尚在,惧贻祸,乃焚之。自谓厥后甲辰又撰《风洞山》,丙午作《暖香楼》(均传奇名),获黄摩西指划,学益日进,而潘养纯却导之于先,以耳目所及,交友所得者,汇录成《奢摩他室曲话》。其自题《风洞山传奇》,云:"井井汤汤咽古愁,红牙且自按梁州,秣陵山色珠江月,不抵崖山一叶舟。"盖志明思宗殉国,东南人士,从容尽节,阁部临桂,慷慨誓师事。激楚之情,溢于言表……

吴粹伦任澄衷校长期间，偶有闲暇，曾和同在澄衷任教的王震公（吴粹伦去世后任校长）、张粒民、王允功一起拍曲，切磋昆曲唱艺和音律，此时大多由吴粹伦司笛。

1937年4月10日《申报》登载如下：

职教社定期公饯王大使

中华职业教育社，以该社发起人常务社董王儒堂氏，对于该社事业，赞助甚多。此次奉命出使美国，特会同该社附属机关中华职业学校，上海职业指导所，第一、二、三、四补习学校等重要职员，定于本月十六日下午七时，在浙江路小花园设宴公饯，由钱新之、穆苏初、沈信卿、诸君主席，届时，并有项远村、穆藕初、吴粹伦三君之昆曲，及其他音业助兴。项君等昆曲，海内驰名，平日不肯轻易试，此次系属破例，惟闻此次公宴，以限于地位，并不招待外宾云。

回归故里三辞旧职　兴办昆中首创新风

　　1923年（癸亥），昆山主管教育的劝学所所长王沂仲（字颂文）先生为便于有志向学的青少年就近入学，与地方热心教育事业人士方还、徐冀扬（字梦鹰）、邱樾（字荫甫）、闵采臣等磋商，经地方政府同意，筹备建立了县立初级中学（简称"县中"，即今昆山市第一中学）。开办时暂借集街东禅寺（石湖书院旧址，今血防站）为校舍，待新校舍建成再搬迁。只是校长人选却成了棘手之事，中学在当时的昆山是最高学府，校长应德高望重。王所长一向敬仰吴粹伦先生之为人，又爱慕他的道德文章，决定聘请他担任校长。

　　吴粹伦为了故乡子弟，坚决辞去了江苏师范学堂和草桥中学之职，虽报酬减了许多，但他毫不在意。

　　万事开头难，要创办好一所中学，筚路蓝缕，备极辛劳。吴粹伦肩负着培植好校风、树立好教风的重任，他亲笔题写"诚笃朴实"校训。治校期间，他非常重视对学生进行思想道德教育，在当年既是礼堂又作膳厅的屋子里亲自悬挂题有"当思来处"四个大字的横匾。

　　昆山没办过中学，吴粹伦是在一片荒芜的教育园地上耕耘育苗。学校新办，面对千头万绪的校务工作，吴粹伦每事必反复研讨，工作细致踏实，井井有条。

　　第一件事就是修葺暂借的校舍——东寺校舍。经过修葺后，校舍面貌焕然一新，虽是暂借，但教室、办公室、师生宿舍、体育室、生物实验室、操场（设有篮球架）、浴室等一应俱全。因地方较宽敞，还有专供学生休息之处。

　　随之，延聘了德才兼备的周梅初、潘吟阁、张粒民、王芝九、吴希圣、王守梅等为各科教员，准备好了教材，定于1924年（甲子）9月初开学。

　　未曾料及的是，江苏军阀齐燮元、浙江军阀卢永祥为争夺上海财政收入，7月间大战于大场、罗店、黄渡一带。昆山县城成为齐燮元指挥部所在地，学校直到11月5日方正式开学。收初中一年级学生近四十名，学生最大年龄者20岁，最小年龄者14岁，有的多年失学，有的还工作过，生源情况复杂。

为了树立良好的学习风气，吴粹伦制定了一系列的规章制度。校长带头，教师响应，团结一致，认真教学，师生同桌用餐。经过几个月的努力，班级中书声琅琅，师生间相亲相爱，学校成了一个团结友爱的集体生活大家庭。

那时候，经费有限，教师缺少，校长除分内工作外，还兼任数学、理化等课程的教学工作。教导主任潘吟阁除了负责教学与学生生活外，还兼任语文、史地等课程的老师。为便于工作，吴粹伦、潘吟阁均住在校内，和寄宿生共同生活。这时候的吴粹伦，除现有的校务和教学工作外，还要规划好下年度的人事工作，以及学校的长远发展。另外，新校舍的筹建工作也迫在眉睫。

首先，校址选择小西门（丽泽门）旧城基。南以城河为界，西为临河，北隔泮水与孔庙相望，东通小西门大街。辟正门，于是旧城既平，四顾廓然，远望青山如画，近则邻圣人之居（明末著名画家、复社文人龚贤墓）。

校址选定后，便是繁杂的筹建工作。吴粹伦每天下午必去工地视察新校舍的施工进度和工程质量，经常和技术人员（如建筑师俞楚白）及工人研究最经济和最合理的施工措施。实地调查后，他提出了一个合理的办法：把小西门城墙拆下的城砖作为教学大楼和宿舍大楼的墙基。这一建议得到了地方政府的同意，既节约了经费开支，又加快了工程进度。

新建校舍设施更齐全，安排更合理，教室更明亮，宿舍更舒适，还新建了专门的运动场、膳厅兼大礼堂。为便于全县中小学开展自然科学实验，在校舍东南部兴建了公共理科实验室。之后，又创建了在当时来说颇具规模的图书馆。

吴粹伦把所有时间都用在了学校里，凡事必亲力亲为。清晨，别人还在梦乡里，他已在办公室里处理校务。学生上完了晚自习，回宿舍睡觉，发现他还在灯下伏案工作。熄灯钟打了，他仍在床头开着15支光小灯，为学校的各种事务思索着，筹措着。

1923年11月3日—4日，吴粹伦参加省教育会召开的理科实验竞赛会筹备会。10月22日《申报》登载如下：

理科实验竞赛会之筹备

省教育会理科研究会,定于十一月三四两日,在苏举行第二届理科实验竞赛会,已志本报。……推定吴海卿、汪叔良为文牍干事,吴广涵、刘之常、黄颂林、吴粹伦为陈设干事,吴绾章为庶务干事,另请第一师范庶务员襄助一切,彭敏伯、雷显之、施仁夫、吴天然、顾西林、吴文杰为招待干事……

1924 年 6 月 16 日,吴粹伦参加江苏省教育会理科研究会职员会议,17 日《申报》登载如下:

推举科学名词审查会审查员

江苏省教育会理科研究会于昨日开职员会议,到者张介凡、钱梦渭、赵厚斋、潘吟阁、朱有章、刘芸书、潘仰尧、刘之常等,公推钱梦渭为主席。议决各案如下:

……(化学组)恽季英、吴东斗、吴粹伦。讨论本会大会日期案,议决在省教育会大会期内择日举行……

1924 年 7 月 5 日,吴粹伦参加省教育会在苏州召开的科学名词审查会,《申报》登载如下:

科学名词审查会在苏州开会记

科学名词审查会定本月五日起,在苏州阊门外医校举行第十次审查会。本日(四日)上午十时,开预备会,到会代表:(教育部)吴谷宜、曹梁厦,(江苏省教育会)叶汉丞、黄胜白、吴谷宜、曹梁厦、朱凤美、钟衡臧,(中华民国医药学会)江秉甫、余德荪、金仲直、陈禹臣,(中国博医会)江镜如,(中华医学会)王完白、江镜如、高镜朗,(中国科学社)周仲奇、吴谷宜、曹梁厦,(中华农学会)陈禹臣、朱凤美、吴子修,(理科研究会)黄胜白、叶汉丞、吴粹伦、吴东斗、顾欣伯、黄颂林、王凤荪。

由于时局动荡,1925 年 6 月新校舍方始动工,复借县立第一高等小学招考新生。

1926 年新校舍建成,夏季开始招生,学生比原来多了一倍,还聘来了许多有资历的老师。学校一派新气象,周边地区学生都来考学。

吴粹伦校长培养学生的目标为个个都是"通才"，即现在的"德、智、体、美"全面发展的人才。

为保证"通才"计划的实施，聘请的老师都是当时的秀才、贡生、师范学堂毕业的优秀生、从教多年经验丰富的教师及留洋归来的学子等，均是有真才实学又品德优良者。同时，吴粹伦是第一个将理化教学引进并亲自授课的人（这是他的强项，在他的影响下，他的第三个儿子吴保让成了江苏省首位物理特级教师）。

吴粹伦思想开明，非常爱国，赞同革命。他视图书馆为检验一所学校知识质量的窗口，当年学生未满两百人，而藏书已达二十余架，沪地四大书局发行书刊，除较深奥专著外，几乎全部分批添置，有唐诗、宋词、元明传奇，以及五四运动后新文学作家鲁迅、郭沫若、谢冰心、郁达夫、蒋光慈、丁玲、胡适、刘半农等的小说、新诗、散文。另有《东方杂志》《英语周刊》，邹韬奋主编的《生活》周刊（职教社版），甚至连蔡元培先生所著的《红楼梦索引》、又厚又重的《英汉韦勃司脱大字典》均陈列于架上。

昆山县立图书馆建成后，藏书楼藏有珍贵的宋明时期的古籍，并有顾亭林先生的名著《天下郡国利病书》的手抄本。吴粹伦校长与图书馆约定时间，定期让同学登楼亲睹此书，并着重指出亭林先生在治学中的求实精神。从《天下郡国利病书》中提出的"利""病"所在出发，同时做出科学的评述，希望学生将《天下郡国利病书》与《徐霞客游记》两书做对比研读。他的苦心孤诣，可见一斑，学生们自然获益匪浅。他还遴选第一届工读生吴鼎钰同学课余主管图书馆，又在学生会组成图书管理小组，每半月必亲自教授图书分类，编目录，做索引，他说做学问必须研究目录学——同学们在课外时间又学到了一门学问。

在课程设置方面，除了常规的课目外，吴粹伦还为初中二、三年级学生增加了选修学科，计有古文、英语、物理、化学、生物、商业、职业概论等诸门，其中职业概论专为学生毕业后如何升学或就业而设立。这些课程均放在下午授课。学生可根据自己的兴趣爱好选择，这样遵循了因材施教的教学规律，既可使学生全面发展，又突显个性化教育，大大提高了学生学习的积极性，使学生掌握的知识更加扎实了。

学校还不定期聘请学者专家以及知名人士来校演讲，如昆山县县长吴相融

（教育家）、上海职业教育社江问渔、杨卫玉、潘仰尧，另有来昆调查方言的赵元任博士，生物学家薛德煜等。学校每学期还举办不分级别的全校性常识、数学、作文、演讲比赛，以及智力测验、辩论会等活动。这些活动形式多样，生动活泼，寓教其中。

吴粹伦担任县中校长时，十分重视理论联系实际。

1927年7月，经他力争，公共理科实验室建立。实验室设在县中内，约占地四亩，房屋七间，其中有实验室、仪器储藏室、预备室、办公室。每一实验桌可供四人使用。城区其他学校均无实验室，常来借用，或借去仪器、药品回校实验，此实验室为全县学校理化实验教学提供了极大的方便。有时，吴粹伦还组织学生开展校际实验竞赛，这在很大程度上提高了全县理化教学的质量。

实验室建成后，吴粹伦又在屋前竖起一根高高的天线，使学生第一次从矿石收音机中收听到上海亚美电台的播音，初步领略到电波的奥秘，丰富了电学知识（这些在当时的昆山是首创）。他还让实验室主任指导学生学习制作雪花膏和家用兰花肥皂等日用品的工艺。如此学以致用，不仅激发了学生对科学实验的兴趣，还拓宽了学生的知识面。

吴粹伦还经常组织学生走出校门去参观。他亲自领着学生去陆家浜地磁台实地观察地磁的变化，让学生懂得了进台必须交出铁质钥匙的道理，看到了自动记录仪的机械结构和运行情况，明白了积累数据的重要。如一次要学生测量圆柱体的直径、长度，必须反复目测三次，仔细查看并记录有无差错。当某些学生有厌烦之念时，他谆谆教导并强调这绝不是索然无味之事，而是进行科学实验的基础。这样，从一开始就让学生养成了做事必须实事求是的习惯。

有老师请假，他必亲自代课。他上课条理明畅，同样注重实验。

在那个年代，学校里"死读书"的气氛非常严重。在吴粹伦的倡导下，学校组织了丰富多彩的课外活动，形成了紧张活泼的学习氛围。

为了培养学生更多的兴趣和才能，除了设置选修课、邀请名人来校演讲等外，学校还成立了学生自治会，各年级的代表大会选举出了正副主席。学生自治会下设学术、宣传、文娱、体育诸部，其下再分小组。如学术部下设有数学、物理、化学、生物兴趣小组，以及农作物栽培小组，蜡叶、昆虫标本制作小组等；体育部下设有篮球队、足球队、乒乓球队等；宣传部则负责出板报，报道学校、社会各种新闻及学生会各部活动情况等；文娱部下设有丝竹、国画、篆刻、话剧、昆曲等小组。

丝竹组是由当年在校生丁善德为团长，音乐老师王允功做指导，十余个十六七岁的小青年组成的一支民族乐队，琵琶、弦子、箫、笛、笙、扬琴、唢呐一应俱全。他们经常在学校及县城演出，技艺高超，是一支誉满鹿城的江南丝竹音乐团。为了使学生有较好的习乐场所，吴粹伦校长用积余的师生膳费筑一屋，供习乐之用。

话剧组曾演出《山河泪》，这是一部表现朝鲜爱国志士为驱逐日本侵略者，积极呼号复国的革命历史剧。国乐组组长丁善德饰阿妈妮，国乐组副组长陆修堂饰她的爱女，演得感人肺腑。演出《一片爱国心》时，陆修堂扮爱国女青年亚男，丁善德扮亚男妈，整部剧作传达出强烈的爱国胜于爱家的思想，深深地感染了大家。

为开阔学生视野，增进见识，每年的春假期间，学校分年级组织学生去常熟、无锡、扬州、镇江等地旅行。去无锡时借宿于省立第三师范，参观了该校的博物馆，看到了课本中没有的文史常识、标本剥制、各国邮票，同学们印象深刻，得益匪浅。去扬州时游览了梅花岭史公祠堂、瘦西湖等风景名胜。梅花岭有明末抗清英雄史可法纪念馆，瘦西湖边珍藏着太平天国行军用的一只大铁釜。这些民族英雄的形象、革命斗争的遗物，使学生一次次受到爱国主义的教育，种下了学生今后参加新民主主义革命的种子。凡此种种，就是吴粹伦倡导的"弦歌之教"。

1926年5月8日—11日，吴粹伦参加在昆山公立图书馆举行的苏省一师及二女师区小学教育研究会第五届常会暨昆山全县小学、中学、师范等七十余校教育成绩展览会。1926年5月11日《申报》登载如下：

参观昆山教育成绩展览会纪

苏省一师及二女师区小学教育研究会，昨日（十日）在昆山公立图书馆，举行第五届常会，同时昆山全县小学、中学、师范等七十余校，开教育成绩展览会于图书馆，自五月八日起，至十一日止，共得成绩品，计成绩簿九五一四册，成绩品二〇二四件，此外有私人出品数件。由县教育局特请夏承枫、杨聘渔、吴粹伦、刘绍成、施仁夫、胡叔异、章伯寅等二十余人，担任审查，兹将参观所得作为笔记如左：

……

吴粹伦积极参加苏省理科研究会年会，1926年8月19日《申报》登载如下：

苏省理科研究会年会之第二日

江苏省理科研究会第一日开会详情，已志本报。昨为该会年会之第二日，上午十时开会，出席者除上日所到各员外，续到刘赞澄、章伯寅、朱有章、胡维功诸君，开会顺序如下：

（一）推举小学自制理科教具委员。由主席吴和士君就平日视察所认为制作教具素有研究者，提出壮儒珍、刘之常、郁振声、吴仁杰、李方谟、黄竹铭、徐季平七君，再由到会各员推选江效唐、顾欣伯、黄颂林、石锡璋、潘志群、范军波六君，共十三人。

（二）选举职员。用双记名投票后，由潘仰尧、吴粹伦二君检票，结果如下：（总干事）吴和士以二十票当选，（副干事）钱梦渭以十八票当选，（编审员）吴粹伦、章伯寅、刘之常、徐季平、黄颂林、潘仰尧、杜亚泉、壮儒珍、石锡璋、凌文之、杨聘渔、郁振声、钱天声、吴广涵十四人，以得票多寡为序，（书记）华享平、赵厚斋，（庶务）沈嘉微、范军波，（各县联合会评议员）武进赵毅甫、川沙、陆叔昂、泰县王道明、吴县徐观海、吴江唐闰生、南通李弁都、江阴吴子修、无锡陶载良、崇明石瑞周、松江姜岸人、上海刘芸书、南汇康以毅。以上由到会代表推定，其余主派代表各县，俟通信推定。

……

1926年10月26日，吴粹伦参加昆山县童子军联合会，并当选为会长。隔日《申报》登载如下：

昆山童子军会函报改选情形

昆山县童子军联合会，昨致省联合会函云：敬启者。九月二十六日开当年大会，更选职员举结果：吴友孝当选为正会长，王景□当选为副会长，徐明乐当选为总教练员，王钟彝当选为副总教练员，理合具函陈报，即希察核为荷。

1926年11月6日吴粹伦主持昆山童子军举行第六次会操，9日《申报》登载如下：

昆山童子军举行第六次会操

昆山童子军于六日，在公共体育场举行第六届会操，到七团三百余人。吴县总教练张千里、王叔介，率领吴县甲师校友团队员二队，中国体专童子军教练班队员一队，亦来昆参观。……午后一时许，总教练徐明乐、王钟彝二君，率队入场行开会仪式后，会长吴粹伦报告开会旨趣及会务近状，继由省联合会代表章君畴、县长吴士翘相继致训词章，说明童子军训练宗旨及队员入队目的。吴述童子军精神，为公民人人所应有，本人虽非童子军，然平时办事无不本此种精神做去云。后为吴县童子军代表张千里、前会长沈梦伯相继演说，表演节目有二十余节之多。国旗编制比赛优胜者为王家桂、萧文炳、赵文标、宗福培等十二人，生火炊事比赛为公四、商校、初中一高等团最为优胜，其余各节均互有精采。入晚举野火，并作攻守游戏，即以昆山为防守区域，守方司令为张千里，攻方司令为章君畴，在规定时间之半，攻方用包抄法向敌猛攻，结果守方得三分，攻方得十二分，各队员兴趣颇浓，十时半始各归营。

1927年4月2日，吴粹伦参加江苏省教育协会筹备会，会上推定吴粹伦为执行委员会委员及主席团成员之一。当月6日《申报》登载如下：

昆山县教育协会筹备会记事

江苏省教育协会为促进各县教育协会早日成立起见，特于前日委派胡叔异、陈渭士、徐剑寒三人莅昆，会同县党部代表朱彦章、张师石、张粒民三人，组织筹备委员，讨论进行事宜，当场决定四月二日下午三时，假县立中学校开会，事前并分发函件，邀集教育界同志共同出席商议。至时市乡教育界二十余人，先后到会。公推胡叔异君为主席，张粒民为纪录，兹将开会节目记述于下：（一）党代表恭读总理遗嘱。（二）主席报告协会组织宗旨及办法。（三）推定陈渭士、胡叔异、徐剑寒、朱秀章、张师石、张粒民、吴粹伦、王振飞、蔡望之九人，为临时执行委员会委员。（四）推定胡叔异、张粒民、吴粹伦为主席团。（五）通过宣言。（六）议决四月十七日为县教育协会成立之期。

……

发起人：胡叔昇、吴粹伦、蔡蕴之、邵汝干、吴道一、李君慰、汪子皋、徐炼珊、王一方、徐栋华、朱敬之、徐余鑫、蔡望之、王振飞、吴道南、曹昂千、严礼邦、戴鞠农、陈慕山、冯净尘、朱文源、张粒民、张兆秩、洪息盦、徐柏才、黄震寰、王安焘、胡尔嘉、潘吟阁、张师石、朱秀章、王达三、杜镜清、周梅初。

通信处：昆山城内初级中学。

1927年5月22日，吴粹伦参加昆山县教育协会执行委员会。5月24日《申报》登载如下：

昆山县教育协会开执行委员会

昆山县教育协会于昨日（二十二日）下午一时，在昆山初级中学开第四次临特执行委员会会议，到有委员蔡望之、吴粹伦、王振飞、胡叔昇、徐剑寒、张料民等五人。由主席团推定吴粹伦为主席，全体向总理遗像行三鞠躬礼，由主席恭读总理遗嘱。兹将讨论议决事项录下：……

1927年6月4日，吴粹伦参加江苏省童子军协会改组会，《申报》登载如下：

江苏省童子军协会之组织

发起人会选出临时执委员九人

苏省童子军联合会，现已由各地童子军同志发起，重行改组，兹将其筹备经过历述如次：

发起人姓名：顾拯来、薛嘘云、唐闰生、马绍季、章君畤、陈毅诚、汪慎之、程保纯、张寄周、张诗农、王叔介、李宇春、张千里、郭季通、叶浩然、贾子彝、汪仁侯、包继善、朱承洪、朱赞臣、王绍九、蔡桢、董雪林、张国忠、瞿华斌、吴立生、王士奎、陶蓉初、徐镇之、吴粹伦、韩碧海、陆友同、王德元、徐明乐、宋禹公、陆寄社、龚赓禹……

1927年6月5日，吴粹伦参加江苏童子军协会执行委员会，《申报》登载如下：

江苏童子军协会执行委员会记

第一次会。第一次执行委员会，系假吴县教育协会举行，出席者为薛嘘云、陈毅诚、张千里、张寄周、徐明乐、朱承洪、王叔介、董雪林等，由薛嘘云君主席计议决八案：

……

（七）推定各县协会筹备员案。议决暂先推定十二县筹备员如下：丹徒陈毅诚，溧阳周子期，武进汪慎之，无锡朱承洪，江阴张诗农，常熟钱君安，吴县王叔介，吴江唐闰生，昆山吴粹伦，金山蔡桢，青浦袁采华，奉贤瞿鸿逵。

1927年6月22日，昆山理科实验室主任吴粹伦参加武进第二届理科实验会并作演讲，《申报》登载如下：

武进第二届理科实验会纪

武进算术理科研究会，假局前街公共理科实验室演讲厅，开第二届理科实验会。总干事壮儒珍为主席，公共理科实验室主任刘之常为干事，县女师校长巢兆觉、第一小学校校长钱警潮为招待，公三及公一教员张应雄、陈海臣为记录，公一女校教员陈慕伊为会刊编辑，视学员王祖述为会计。十九日上午，先开学术讲演会，请苏省医科大学教授许栋材、吴志修，前省视学吴和士讲演。许栋材讲夏令卫生及其最多之传染病，吴志修讲小学理科教学几个问题，吴和士讲演移至下午二时……次来宾昆山理科实验室主任吴粹伦演讲……

1927年6月26日，吴粹伦参加昆山县教育协会成立大会。28日《申报》登载如下：

昆山县教育协会成立

昆山县教育协会，于二十六日假图书馆开成立大会。各区支部代表，到会七十六人。省教育协会委派县长吴豹军莅会指导。下午一时开会，吴粹伦为临时主席，行礼毕，主席吴粹伦报告，指导员吴豹军演说，讨论会章，选出委员陈定祥、蔡璜、吴粹伦、王乘六①、顾左周、胡叔异、徐伯澄、陆振华、支谅九人，候补当选王振飞、朱敬之、王一方、陈孝言、戴典韶五人。

1927年8月17日，吴粹伦参加昆山县慈善局孤儿院一律改组为委员会的会议。该日《申报》登载如下：

昆山慈善局长辞职

  本县慈善局长兼孤儿院长陈剑刚，以本人现就江苏省教育经费管理处科员之职，不克兼顾局务，呈请县政府辞职，兹闻吴县长业已批示照准，并将慈善局孤儿院一律改组为委员会，委任王亦文、吴粹伦、王振飞、徐冀扬、陈渭士为委员，共同接收局院事务。

强健的身体是学习的本钱。老的体育老师离开后，吴粹伦在苏州体专校长的帮助下，请来了几位优秀毕业生。除教学外，老师们还领着学生开展球类比赛与田径活动，自己学校的场地不够，就到马鞍山麓体育场去，每星期至少锻炼一次。为便于学生出操，又修建了风雨操场，平时兼做乒乓球活动室。学校还规定了早操，即冬季去七塔寺广场练长跑，教师带头，学生跟随，吴粹伦校长也常参与其中。队伍排成一字长蛇阵，大家跑得认真整齐。在当时人口不到一万的沉寂小城里，这无疑是一道引人注目的亮丽风景线，居民们纷纷出户观看，竖起大拇指赞赏，也有一些小孩跟在后面学跑。

县中的学生家境相差很大，对贫困生，吴粹伦校长经常解囊相助，帮助其完成学业。第一届工读生吴鼎钰是孤儿，却品学兼优，毕业后被安排留校当图书馆管理员，以解其食宿之忧。翌年，吴粹伦又资助其考入太仓师范学校。图书管理员的职务继而由第二届学生陶祖荫担任，以解其仰事俯畜之困。同人只要有困难，他都一一给予相应的帮助，即使已离校者，他也设法介绍其前往他处就职。

选修课中有职业概论这门课，除了从理论上教会学生毕业后怎样升学择校或毕业后怎样选职业，吴粹伦校长还针对每个学生的自身条件一一谈话，提出具体建议。

---

① 王乘六系吴粹伦亲家，粹伦先生幼女吴保敏嫁王乘六独子王君白。

吴粹伦担任县中校长时，十分重视职业指导教育。1925年5月13日《申报》登载如下：

昆山县立中学举行职业指导运动

昆山县立中学前应中华职业教育社之请，加入该社职业指导研究会，即于本校组织职业指导委员会，推潘吟阁君为指导员，并定于本月十一日起至十七日止，举行一星期职业指导运动。由职业教育社杨卫玉君、邹恩润君讲职业原理及择业方法，指导员潘吟阁君讲各业概况，县农会会长蔡望之君讲农业，昆山银行行长朱孟豪君讲银行业，县视学王振飞君讲教育，昆山电力碾米厂厂长王志南君讲工业，广仁医院院长陈天枢君讲医药业，更由指导员率领学生填注择业自审表，且为个别谈话。该校校长吴粹伦君热心教育，俟此次一星期运动结束后，仍将用种种详细方法继续指导云。

1928年，初中阶段即将结束，校长吴粹伦成立了一个升学指导小组，大多数学生被鼓励去报考高中或师范学校，唯独丁善德被叫去谈话。校长对他说："你特别爱好音乐，最近上海办了我国第一所音乐专科学校，叫国立音乐学院，报上登了招生广告，这学校是很正规的，靠得住，蔡元培当校长，肖友梅当教务主任，你可以去考考看。"丁善德听到此消息非常高兴，考音乐学院是他梦寐以求的事。但这消息一经传出，立即遭到了亲戚朋友乃至乡邻的一致反对，幸而他母亲非常支持，她不懂什么是音乐，只知道吴校长说好就定然是好的。同年7月初，丁善德去上海投考音乐学院并被录取，后来成长为中国著名的钢琴家、作曲家、音乐教育家，曾任中国音乐协会副主席，还与著名音乐家、教育家贺绿汀先生在1956—1984年共同执掌上海音乐学院（被誉为音乐家的摇篮），培养了大批音乐人才。

吴粹伦与学子之间既是师生关系，又情同父子。学生毕业了，不论喜怒哀乐都要来信向老校长叙说叙说，吴粹伦也一直关注着每一位学子的点点滴滴。学生迅鸠回忆道："1929年春，我公费考上了江苏省立教育学院，当我向粹伦老师通信汇报的时候，他也乐滋滋地告诉我朱复炎已考进了哈尔滨工学院。他晓得我和复炎最知己，所以信上还说：'你们一南一北，发奋图强，将来为国家多作贡献。'"吴粹伦对丁善德格外关心，因为他是当年唯一由自己推荐上音乐学院的，好坏攸关。1935年，丁善德在新亚酒店七楼举办首次独奏音乐会，座位仅七百，来者却有八百余人，吴粹伦校长也赶到演出现场，并送了一只银杯以示祝贺。当丁善德大婚时，吴粹伦又亲自做主婚人，并一再勉励他。

离开县中转赴上海任教后，吴粹伦在每年的立校纪念日即11月5日，必约在沪师生聚餐，纪念创校之艰，授业之德，关心他们的学业事业，甚至是婚姻大事。

吴粹伦任昆山县中校长期间，培养了大批人才，如：前面提到的著名音乐家丁善德；中国电影教育家、教授，中国最早引进"电化教育"一词的学者戴公亮；中国首任外文出版发行事业局局长、国务院港澳办公室原副主任罗俊；中共江苏省委统战部原副部长、省统一战线研究会原会长蒋宗鲁；二胡圣手，使二胡从伴奏乐器上升为独奏乐器的陆修棠；电子学专家赵福球；蚕桑专家席德衡；等等。

良好的家庭教育，一流的学堂学习，自身的修身养性，使吴粹伦具备了待人宽、律己严，为人忠厚笃实，对朋友和同事诚恳正直、情重意笃，处处以身作则，身教重于言教的高尚品德。民国十三年（1924）前，他也喜手谈，因精于数学，棋艺非常高明，屡赢不输。但自任县中校长后，他不再打牌下棋，而是利用一切时间不断学习、进取，研究教育统计学，工作起来纲举目张，有条不紊，一清二楚。这也为他后来就职于中华职业教育社和长上海澄衷中学奠定了基础。

吴粹伦年轻时亦随俗，曾与友好结为金兰，其谱兄为周梅初先生，谱弟为北栅湾的王叔虞，此两人均为教育界闻人。

1927年6月，昆山教协成立，吴粹伦当选为九位临时执委之一。

1928年5月27日—30日，吴粹伦参加昆山教育界两大会，1928年6月6日《申报》追记如下：

昆山教育界两大会追纪

中小学校第一次自然科实验会

全县学校行政成绩展览会

昆山教育界，自五月二十七日至三十日，有两大集会。一为全县中小学校第一次自然科实验会，一为全县学校行政成绩展览会。二十七日为自然科实验会举行之期，公共理科实验室主任吴粹伦君，于一月前先行计划，兹将两会开会情形略纪如左：

……………

1928年夏，吴粹伦送走了第二届毕业生。时值县内派系斗争不断之际，有人以县中为速成科毕业为由排挤之。吴粹伦爱名誉高于一切，认为来日方长，稍有失，则更不能见谅于乡人，遂坚决向教育局局长邵汝干辞职。师生依依惜别，两知友周梅初、汪止园亦随之自行辞聘，改应上海清心女中、缉椝中学为语文教师。

吴粹伦在昆山县中任校长四载，苦心擘画，艰苦创业，悉心治校，不遗余力。他倡导的"弦歌之教"及"诚笃、朴实"之校风享誉苏南地区。

离任后，吴粹伦仍关心母校的各种情况，参加母校的一些活动。1934年11月9日《申报》载：

昆山初中十周纪念会

昆山县立初级中学校开办迄今，已属十载，前日为该校十周纪念。上午八时举行纪念大会，同时举行全县联合纪念周，到有来宾：程天放、彭县长、潘鸣凤、吴粹伦、徐冀扬、罗明佑、朱石麟，及党政各机关职员、各学校校长，本校教职员、学生等八百余人。……继由吴粹伦、徐冀扬、罗明佑等登台演讲，均系激发青年爱校爱国思想。礼毕已届午膳，下午二时举行游艺会，节目有中西音乐、爱国名剧等十余节。该校剧团素负盛名，本届表演更多精采，同时由联华公司莅场拍摄新闻影片，晚间复由联华公司放映名片《归来》及滑稽新闻片等，盛极一时。

一临沪上扬名职教　四顾城乡举目中华

1928年秋，吴粹伦应紫阳老友江问渔之邀，担任中华职业教育社总务主任，开启了他的职业教育生涯。

职业教育与普通教育有着很大的不同。凭借渊博的知识及聪明的头脑，加之以勤奋，吴粹伦很快理顺了头绪，并掌握了相关工作的要领，事事有条不紊，纲举目张。黄炎培（1878—1965，号楚南，字任之）为改变中国旧教育"教育与职业分离，学校与社会脱节"的弊端，提倡教育与职业为一体模式，联络当时教育界、实业界知名人士蔡元培、马相伯、张元济等人在民国六年（1917）5月6日创建了中华职业教育社。

黄炎培对吴粹伦的品德早有耳闻，适逢其辞职离开昆山中学，遂托江问渔聘来职教社任职。这段时间内的各种事情，吴粹伦所记"大事记"记录详尽，国家、学校的大事小事一一在录。工作推进计划、职教社章程、课程设置表格、财务统计表格、校刊、社员名录表等均有收录，甚至包括邀请函、代表乘车证明，均书写规范，字迹端正，付印在册。

1929年8月10日，吴粹伦出席全国职校联会。该日《申报》登载如下：

全国职校联会今日在杭开幕

中华全国职业学校联合会第七届年会在杭举行，八日下午五时，在西湖罗苑国立艺术院先开一次职员会，由杨卫玉主席报告本届年会筹备经过情形，当讨论各股事务。分配人员如下：一议事股，胡际云、谢硕游、孙梦旦、吴友孝、王漱霞、陈闻远……

自加入中华职业教育社后，吴粹伦在繁忙的工作之余，仍不忘参加各项科研活动。1929年10月19日，吴粹伦参与编译的《教育与职业》第106期发刊，该刊登载了吴粹伦的两篇文章。该日《申报》登载要目如下：

研究职业教育唯一之杂志《教育与职业》第一○六期要目

　　教育上大可注意之一问题……………………潘文安

　　心理测验与职业指导…………………………陈选善

　　日本女学生职业志愿之调查…………………吴友孝

　　英国之补习教育………………………………吴友孝

　　职业上公民的职责……………………………潘鸣凤

1930年4月17日,吴粹伦参加编译的中华教育职业社的《性能检查法》出版。该日《申报》登载如下:

　　性能检查法　一册一角　职业概况丛辑　现出二十二种　每册三分至五分

　　陈选善　吴粹伦编译

　　为研究心理测验之要籍

为探索职业教育的规律,中华职业教育社的各项活动颇多,现将吴粹伦参与的择要叙之。

1930年6月8日,《申报》报道中华职教社将定期召开年会,吴粹伦作为筹备委员,参与会议相关工作。具体如下:

中华职教社定期开年会

　　七月二十日起　在上海

　　中华职业教育社本年例举行社员大会,闻已决定于七月二十日起,在上海环龙路口新社所举行,同时并开附属各机关及合作联络之各职业学校、各工厂农坞成绩展览会,而中华全国职业学校联合会主席、中央大学农学院亦已决定,于该社开会期内,同时召集常年大会,并托职教社代为筹备。现距开会期近,已推定方剑阁、王才、黄竹铭、赵霭吴、朱慰元、黄警顽、沈思期、程石生、郁瘦梅、秦槐新、吴粹伦、金道一、周开森、杨鄂联诸君,为筹备委员,指定杨君为主任。业已开始筹备,该社新社所地接法租界公园,环境幽秀,开会会堂拟假公园舞厅,尤为典雅堂皇。暑天得此胜地,预会者精神更当抖擞矣。

1930年6月20日,吴粹伦参加了该年会的筹备会。6月21日《申报》登载如下:

职教社年会筹备会纪

中华职业教育社第十二届年会筹备委员会于昨日下午四时举行，第二次会议出席者：杨卫玉、周开森、黄竹铭、朱慰元、姚惠泉、王佐才、杨仁山、祝惟一、俞镛成、吴粹伦、金道一、秦槐新、陶公玄、黄望平，主席杨卫玉，记录吴粹伦……

1930年6月30日，吴粹伦再次参加职业教育社年会的筹备会议，被任为总务部长，兼任公文与经办工作。该日《申报》登载如下：

职业教育社年会筹备讯

中华职业教育社定于七月二十日起，举行第十一届年会及职业教育机关合会。现已分配职务，积极筹备，兹将大会时各部职务姓氏录下：总务部长吴粹伦兼文牍，庶务周开森，会计金道一，庶务郁瘦梅，展览部长黄竹铭，征集周自森，保管祝惟一，陈列王佐才、黄望平、俞镛成，会议部部长赵霭吴兼书记，演讲姚惠泉，印缮吴粹伦，交际部部长程石生，招待沈思期、秦槐新、方剑阁，宣传黄警顽，交际朱慰元、杨仁山、陶公立。

1930年7月22日，吴粹伦参加全国职教会年会的闭幕式，23日《申报》登载如下：

全国职教会昨闭幕

昨日为中华职业教育社第十一届年会，全国职教机关联合会第八届年会之第三年。上午九时，在社教社大会堂开会，到会钟道赞、周明懿、顾旭侯、刘湛恩、黄警顽、王佐才、何炳松、潘仰尧、施舍、袁希皓、黄任之、李邦和、潘健卿、杨卫玉、江问渔、胡春藻、姚惠泉、吴粹伦、蔡璜等七十一人。

1930年9月14日，职业指导机关联会筹办，吴粹伦作为澄衷中学代表被派定，该日《申报》登载如下：

职业指导机关联会筹备

中华职业教育社上海职业指导所根据全国职业教育机关年会之议决案，组织职业指导机关联合会、分函年会到会时之各地职业指导所、著名大学中学及教育行政机关，推定代表于本月二十一日在沪集会，筹备进行，已得各地机关赞成，此举加入讨论，现在已派定代表之机关，分志于下：……澄衷中学（吴粹伦）……

1931年2月20日，以乡村职业教育著称的徐公桥乡村改进会改选委员，吴粹伦作为嘉宾参加了相关活动并作了演说，当日《申报》登载如下：

徐公桥改进会改选委员

昆山徐公桥乡村改进会为中华职业教育社试验推行乡村职业教育而设，开办以来不及三年，按照预定计划循序进行，一切设施颇为从事改进乡村者所取法。昨日该会改选委员，虽积雪初融，路滑难行，而会员签到者，仍达二百余名，来宾有黄任之、江问渔、吴粹伦、姚惠泉等。……次吴粹伦演说，赞美该区形式精神上之改进，颇足为各乡村之模范……

吴粹伦对职业教育的教材编写颇感兴趣，1931年2月21日—22日出席中华职教社在苏州召开的会议，2月23日《申报》登载如下：

中华职教社专家在苏会议（一）

中华职业教育社每年有专家会议一次。今春会议定二十一、二十二两日在苏州举行。兹将情形如下：

（一）第一日之会议

▲出席人员　蔡子民、胡春藻、顾荫亭、冷御秋、刘湛恩、汪典存、廖南方、潘继卿、吴广涵、王志莘、潘吟阁、高啸农、江问渔、黄任之、沈公健、陈青士、潘卿尧、姚惠泉、吴粹伦、黄朴奇、赵霭吴、贾佛如、杨卫玉、雷宾南、黄齐生、黄竹铭、王星弛、顾君义、伍廷扬、汪伯轩、顾镜清、黄蕴深。

▲开会情形……

1931年5月13日，吴粹伦出席职教社推行设计委员会第一次会议，并兼记录工作。该月14日《申报》登载如下：

职教社推行设计委员会

各中学纷请代为设计

中华职业教育社推行设计委员会昨日举行第一次会议，出席者黄任之、潘仰尧、刘湛恩、沈有乾、柳士英、王契华、黄朴奇、赵霭吴、陈选善、姚惠泉、汪子珠、汪恒源、吴粹伦、杨卫玉。公推刘湛恩为主席，陈青士为副主席，吴粹伦纪录，行礼如仪，议决事如下：

……

1931年6月11日，吴粹伦出席中华职教社设计委员会第二次会议，该日《申报》登载如下：

中华职教社设计委员会

中华职业教育社职业教育推行设计委员会昨日下午二时举行第二次会议。出席：刘湛恩、陈选善、沈公健、姚惠泉、王志莘、江问渔、黄任之、杨卫玉、潘仰尧、吴粹伦。主席刘湛恩，纪录吴粹伦，行礼如仪后，报告事项略，讨论事项……

吴粹伦出席了中华职业教育社于1931年6月26日举办的全国职教讨论会，该日《申报》登载如下：

职教社筹备全国职教讨论会

中华职业教育社定于八月一日、二日假镇江伯先公园举行全国职业教育讨论会。曾志本报，该社办事部即日着手筹备，兹闻推定委员如下：冷御秋为筹备主任，法审仲、吴粹伦为副主任，秦凤翔、易剑楼、祁翊三、包明叔、金书伯、徐毅庵、冯迈樱、陆宇清、杨冯署、任中敏、黄冰佩、张秀和、姚惠泉、潘仰尧、周开森、金文鳌等十九人为筹备委员，并通函各省教育厅各市教育局，请嘱所属各职教机关，推派代表出席。近日该社接到各地复函推定代表赴会者已有多起云。

1931年7月11日，吴粹伦出席全国职教讨论会筹备会，记录、整理并报道了该会的相关筹备情况。13日《申报》登载如下：

全国职教讨论会筹备会

中华职业教育社召集之全国职业教育讨论会于十一日下午三时在镇江女子职业学校开筹备会议。出席者冷御秋、祁益三、冯迈樱、杨卫玉、陆宇清、任中敏、金书百、法审仲、周开森、秦凤翔、张翼云、吴粹伦、柳健行、徐毅庵。主席冷御秋，纪录吴粹伦，行礼如仪。主席报告开会旨趣，杨卫玉、吴粹伦二君报告筹备情形：（一）本界大会改变地点之原因；（二）向江苏省政府备案情形；（三）车船票减价优待，已经铁道交通两部批准；（四）代表及社员报名数约一百五十人。讨论事项：一件本筹备会组织案。议决，组织如下：总务股，分文书、会计、庶务三组；会议股，分纪录、印缮、整理三组；交际股，招待、膳宿、游览三组；职务分配案。议决，总务股主干张翼云、法审仲；会议股主干金书百、冯迈樱；交际股主干祁益三、柳健行。各股襄助员如下：文书吴粹伦，会计杨冯署，庶务徐毅庵、蔡彦如、周开森，纪录潘仰尧、姚惠泉、江卓群，印缮金文鳌、冯迈樱，整理金书百、吴粹伦、陆宇清，交际暂不分组，秦凤翔、任中敏、张秀和、黄冰佩、周开森、包明叔、易剑楼。一件事务所地点案。议决，二十九日以前，在女子职业中学校，二十九日起移至伯先公园。一件大会日程案。议决，由本社办事部拟订。一件公推大会主席团案。议决，推定如下：蔡子民、陈布雷、叶楚伧、冷御秋、胡庶华，如胡君请假，由江问渔代理。一件本会预算案。议决，请杨卫玉编制，总数定一千二百元至一千五百元。

1931年7月30日，吴粹伦出席全国职教讨论会第一次大会第二次筹备会议。8月2日《申报》登载如下：

> 七月三十日下午四时半，在伯先公园举行第二次筹备会议，出席者张翼云、法审仲、金书伯、徐渭初、周开森、祁翊三、蔡彦如、冯迈樱、周恺士、严溥泉、刘介甫、吴粹伦……

民国十九年（1930）8月29日，著名教育家袁观澜先生病逝于上海。1931年8月13日，义务教育期成会公布了袁观澜先生逝世后的钱款安排，吴粹伦为启事人之一。《申报》登载如下：

义务教育期成会同人启事

> 本会自袁观澜先生逝世后，会务久已无人主持，会内尚有袁先生前经募价值五千元之公债票，因会务公用借款二千元押在上海银行，转期手续年余未办，亟待加以处理。同人公议，将该项债票变卖，除还银行二千元，余款三千元悉数捐入徐公桥观澜义务教育试验学校，作为基金，俾留永久纪念。惟尚有若干会员散在四方，通信地址未能明悉用，特登报奉达。并议定，自登报之日起，经过十五日，无人表

示异议即行决定。

启事人：王志莘、江问渔、吴邦珍、吴粹伦、周开森、周纲仁、姚惠泉、陆规亮、张福保、张作之、陶森杰、章伯寅、黄任之、赵宗预、蔡璜、潘吟阁、潘文安、刘永昌、谭冀珪、顾倬（次序依姓之笔画）

上海战事发生以后，各校停滞，《申报》登载了中华教育社救济失学青年的相关办法，特设大学、中学补习科，让失学青年能够重拾学习机会，不至于荒废光阴。推定江问渔、杨卫玉、吴粹伦等人为委员。1932年2月23日《申报》登载如下：

中华职教社救济青年失学办法

特设大中学补习科

中华职业教育社以沪上战事发生以来，各校均陷于停顿之状态，本外埠男女学生彷徨歧路，失学为忧。该社为救济一般失学青年起见，特设大学、中学补习科，俾青年有向学之机会，以免荒废学业，虚掷光阴。推定江问渔、杨卫玉、陈选善、沈有乾、贾佛如、潘仰尧、吴粹伦为委员，并请陈青士博士主持教务。闻先办两组，一为大学一、二年级程度，一为高中二、三年级程度。科目注重国文、英文、数学、物理，大学并有社会科学，内包政治学、经济学、教育学、社会学四科特别讲座等。修业期暂定四个月，期满考试及格，给予证书，并予以升学之便利。每日上课四小时。为体恤青年计，学费大学组只收三十元，中学组只收二十四元。如战事结束，各校开学，则照授课日期比例发还。闻即日起开始报名，三月一日起开课，如需章程，即往华龙路环龙路口该社索阅。

1932年7月3日，中华职教社筹备年会，周开森、吴粹伦报告了相关工作，并被委派新的接洽事宜。该日《申报》登载如下：

中华职教社筹备年会

中华职业教育社本届年会依据上届年会议决案，在福州举行。该社于前日（一日）举行第一次筹备委员会，到杨卫玉、吴粹伦、周开森、贾佛如、姚惠泉、潘仰尧、张雪亭七君，由杨卫玉主席。先由主席报告福建教育厅，介绍筹备委员及允拨开会经费情形，继由吴粹伦、周开森相继报告社员报到人数，及接洽舟车旅馆情形，并议决分设总务、会议、交际三股，分别筹备进行。凡社员赴会，须于八月一日左右来沪，向该社报到后，即寄宿于该社指定之香宾、振华二旅馆。至八月四五日左右，一同上船。关于社员赴会车船减价事宜，推定吴粹伦、周开森分别向铁道交通二部接洽办理，最后议决本届年会筹备主任。推定程伯庐、钟芷修担任，主持在闽筹备事宜。

1933年3月26日，职补教育研究会举行成立大会，吴粹伦出席。该日《申报》登载如下：

职补教育研究会成立

刘湛恩、潘序伦为正副主席

上海职业补习教育研究社于昨日下午四时在职教社举行成立大会，到黄炎培、刘湛恩、蒋君辉、江问渔、潘序伦、潘仰尧（杨崇皋代）、李公朴、慎微之、赵霭吴、杨卫玉、谢向之、周菊忱、姚惠泉、吴粹伦、梁忠源等。主席江问渔。议决要案如下：（一）本会入会会员应相当开放以资提倡；（二）通过研究会简章；（三）推举刘湛恩、潘序伦为本会正副主席，赵霭吴为秘书，谢向之为会计；（四）调查上海市职业补习学校；（五）由秘书拟稿征求会员。

选派学生出洋留学，是中国教育与国际接轨的有效措施。1933年7月22日，吴粹伦作为中华职业教育社代表之一，出席了出洋学生的欢送会。当日《申报》登载如下：

欢送本届出洋学生

已有二十余团体参加
明日召开首次筹备会

寰球中国学生会及上海市教育局联合发起之欢送出洋学生大会。昨日复信参加者，有光华大学（代表胡其炳）、复旦大学（代表金通尹）、上海商学院（代表武堉幹）、上海美术专科学校（代表邬克昌）、启秀女学校（代表徐婉珍）、中华职业教育社（代表杨卫玉、吴粹伦）……

1933年8月9日《申报》载：

三十二团体筹备欢送出洋留学生

上海市教育局、寰球中国学生会联合发起之欢送出洋学生大会，参加团体十分踊跃，昨日又有上海市中等学校教职员联合会。计先后参加团体已达三十二。昨在南京路冠生园召集二次筹备会议。到市教育局曾绳点、寰球中国学生会朱少屏、暨南大学倪秀生、光华大学胡其炳、上海美专鄢克昌、浦东中学校徐韫知、《申报》马崇淦、《新闻报》沈吉苍、《大陆报》董寿朋、《民报》袁业裕、《晨报》王启煦、华美协进社赵叔通、中华职教社吴粹伦……

1933年9月29日，吴粹伦作为澄衷中学代表，出席上海市中等学校职业指导研究会，30日《申报》登载如下：

本市中等学校组织职业指导研究会

中华职业教育社为研究中等学校职业指导实施办法起见，组织上海市中等学校职业指导研究会，于昨日下午三时，在职教社会议室召开首次发起人会议，当即推定筹备委员负责筹备一切，兹志详情如次：

出席代表　计到职教社江问渔、职指所潘仰尧、杨颂皋、省立上中张仲寰、麦伦中学沈体兰、中华职校王乘六、清心中学张亚川、澄衷中学吴粹伦、私立上中陈济成、吴淞中学程宽正、职教社研究部主任何清儒、鸿英师资训练所杨卫玉、上海女中吴志筹、暨陈选善博士等，四十余人。

....

1934年2月24日，中华职业教育社在漕河泾沪西围场举行第八次专家会议，讨论重要提案十余件，吴粹伦出席了该会议。《申报》于25日登载如下：

中华职教社专家会议

....

中华职业教育社于昨日上午九时起，在漕河泾沪西围场举行第八次专家会议，出席者顾荫亭等三十余人，讨论重要提案十余件，兹将会议详情分志如次：

出席人员　计顾荫亭、陶知行、黄任之、廖茂如、俞庆棠、陈济成、欧元怀、李公朴、唐雄伯、江问渔、潘序伦、王志莘、陈礼仁、陈青士、何清儒、熊子容、王揆生、王兆麒、程绍迥、邵爽秋、黄齐生、贾佛如、赵霭吴、施养勇、冯迈樱、黄□年、潘仰尧、李楚材、郑文汉、温崇禄、谢向之、杨崇昂、张雪澄、吴粹伦、王印佛、杨自强等三十余人。

报告事项 上午九时开会，首由江问渔报告开会宗旨，并推举顾荫亭、廖茂如、俞庆棠为主席团，吴粹伦任记录。

....

1934吴粹伦出任试验特殊教育之漕河泾农学团运动日文常任导师，3月6日《申报》报道如下：

试验特殊教育之漕河泾农学团运动

目标：自养养群自教教人自卫卫国

实为：培植服务农村人材之大本营

最近，沪上试验特殊教育之团体，如晨更工学团、漕河泾农学团等，俱为教育界之新途径。晨更工学团内部概况业见各报，值兹我国农村崩溃之际，各界无不亟谋复兴农村之策。而欲复兴农村，宜先培养服务人才，职教社主办之漕河泾农学团，实为培植服务农村人材之大本营。办理虽仅数月，成绩至为可观，上海社记者特志其办理情形如次：

....

导师学友 该团常任导师：农艺宋紫云、职教杨卫玉、教育李楚材、畜养林灵修、农艺杨国藩、军事蒋作君、农村集会周浩如、园艺庄国熙、国文及文化史江问渔、农村组织姚惠泉、教育心理何清儒、日文吴粹伦、地方自治及农村改进陆叔昂、农村建设柳士英。特约导师黄任之、王志莘、陶知行、张鸿钧、张楚材、邵爽秋、顾君义、承远轩、何明斋等。学友共四十九人，大多数曾任小学校长或教员。

....

为激发当时学生课外学习研究的兴趣，民立、复旦、中华职业教育社等学校参加了"上海市中等学校协进会"于1934年4月18日下午2时在省立上海中学举行的国文比赛。吴粹伦参加监考工作。该国文比赛高中的题目为"礼义廉耻国之四维论"，4月19日《申报》对相关内容的报道如下：

中校协进会昨日举行国文比赛

上海市中等学校协进会为提倡学生课外作业，鼓励研究兴趣起见，于昨日下午二时，在省立上海中学举行国文比赛，兹将详情分志如次：

……下午二时开始比赛，分高、初中两组，监试为郑通知、贾佛如、张仲寰、吴粹伦、李好善等，其试题由市教育局拟定密封，当众拆阅，高中题为"礼义廉耻国之四维论"，初中题为"如何促进新生活运动"。限二小时完卷。一时笔飞墨舞，情形颇为高兴。闻所有试卷，统交市教育局评阅，定期揭晓。

吴粹伦在中华职业教育社期间，曾翻译《日本女学生职业志愿之调查》《英国之补习教育》（见附录三），撰写《妇人之职业问题与小学校女生之职业指导》（原文暂未寻得）等文。

忠诚教育杏坛改革　　执掌澄衷遗泽流芳

民国十九年（1930）秋天某日，吴粹伦的好友，正在上海澄衷中学任教的王震公①先生和校董陈彬龢聊天。王震公谈道：办学是一件难事，要物色到一位爱校的校长更是难上加难。我乡有一位很好的中学校长叫吴粹伦，他在动荡时期，受不了种种掣肘，毅然辞职。职位交接中，吴粹伦把各种事务交代得十分清楚，继任的人夸赞他办事清晰。校务交接完成后，吴粹伦在无意间听到一件雨量计被人暗暗地藏到家里，这是后任的事，吴粹伦大可不管，但他还是设法劝那人将物品归还校方，可见其为人之负责。而当时，吴粹伦已被誉为博学的通才——师友将之比为"小蔡元培""江苏蔡孑民"。

说者无心，听者有意。一年后（1931）的冬天，陈彬龢一定要王震公和他一起去拜访当年谈话里提到的这位吴先生。陈彬龢一见到吴粹伦就倾诉敬佩之意，一定要聘请他担任澄衷中学的校长。一回，两回，十几回，吴粹伦总是不肯接受。陈彬龢为此谒见黄炎培，多次为学校请命，也始终被黄炎培拒绝。陈彬龢下定决心，一定要请到吴粹伦，相请了二十多回，吴粹伦仍未答应。陈彬龢转而请蔡元培出来斡旋，蔡元培请双方在功德林商谈，劝职教社准许吴粹伦每日半天在澄衷兼职，任教务长。最终几方同意，事情才算圆满解决（实际上，吴粹伦先担任了澄衷的数学教师，1932年才正式任职教务长）。

1932年7月16日，澄衷中学校董会聘吴粹伦任教务长，任期至1934年7月。

据职教社职员所录表格，吴粹伦于民国二十一年（1932）8月16日在职教社请假一年，专任澄衷中学教务长。民国二十二（1933）年7月，吴粹伦回职

---

①　王震公为吴粹伦亲家王乘六之弟，吴粹伦去世后继任澄衷中学校长。

教社复职,因此,吴粹伦实际在职教社任职时间为 1928 年 8 月—1932 年 8 月 16 日,以及 1933 年 7 月 4 日—1934 年 8 月。其间,1929 年秋—1932 年 7 月兼任澄衷数学教师,1933 年 7 月—1934 年 8 月兼任澄衷教务长。

1933 年 7 月 15 日,《申报》刊登《澄衷中学前校长葛祖兰对校董会声明书之声明》。当时,吴粹伦任澄衷中学教务长,葛祖兰在声明中对吴粹伦多有褒奖。声明如下:

澄衷中学前校长葛祖兰对校董会声明书之声明

> 澄衷中学前校长葛祖兰来函云:
>
> 径启者,七月十四日,贵报载有《澄衷校董会又一声明书》一则,该书末尾有"尚希社会人士,顾念敝校校主创校之艰难,时予掖助,同人等自当本护校初衷,益加奋勉,其他一切文字上无谓之争执,概不愿再有所答辩也"云云。……总之,祖兰爱校心切,初不减于现任校董。现任教务长吴粹伦君,当祖兰任校长时,曾聘充数学教员,历任昆山中学校长、中华职业教育社总务主任,学识经验,两臻完美。当其就职之前,曾以就否商诸祖兰,祖兰当时即以校友资格,竭力劝其就职。现在校中教务,正赖吴君主持,可见祖兰暗中帮助母校,有出于校董会所不知者……

1934 年 6 月 27 日,澄衷中学校董会聘吴粹伦从下学期开始担任校长,吴粹伦遂于 8 月向中华职教社辞职。

吴粹伦初任澄衷中学校长,面临的困难是显而易见的。"澄衷蒙学堂"下设有中学部及小学部(初小和高小),都要掌管。很多事必得经校董会同意,不是校长一人说了算数。两年的教务长工作,为吴粹伦当校长打下了良好的基础。但吴粹伦感到必须更加勤奋和努力工作,才对得起校董之所托、老友之引见、学子之期望。

澄衷中学是实业家叶澄衷(1840—1899)先生创办的学校。叶澄衷童年贫困,致富后念念不忘儿时贫穷不能读书之痛苦,又深感国家穷困,唯有教育才能振兴民族。1871 年,叶澄衷在某次慈善会议上表示:"兴天下之利,莫大于兴学。"于是他出资办学,资助穷人孩子免费上学,又安排这些学生毕业后到自己在全国各地的商号工作。1899 年,他购地 30 亩,出资规银 10 万两,创办

"澄衷蒙学堂"。该学堂董事均为社会名流,有实业家,也有政府要员,所有董事一律不支报酬和车马费,相反还不时捐款给学校。学堂规定:"由校董会经理一切,凡筹划财政、延聘校长、厘定章程,统由校董会议决施行。"光绪皇帝的老师翁同龢为"澄衷蒙学堂"题字。该学堂于1901年正式开学,"从此学校之人,学有进益,大则可望成才,小亦得以谋业"。

从1929年兼任数学教师开始,直至1941年去世,吴粹伦共在澄衷中学任职12年,其中担任校长7年。在澄衷的12年里,尤其是在担任校长的7年中,他积极参加各项教育改革。

身为中学师范教育研究会、中学师范师资教研会的会员,吴粹伦每会必定参加,并积极发言,与他人深入研讨。从《申报》有关报道中可略知一斑。

1935年4月17日,吴粹伦以毕业会考组及课程研究组会员身份出席中学师范教育研究会。《申报》登载如下:

中学师范教育研究会定期举行分组会议

下星期一起在八仙桥青年会

市教局昨令各会员学校参加

上海市教育局昨训令,市立及私立已立案各中学师范学校校长云,查本市中学师范教育研究会前于四月十三日正式成立,并分五组分别进行研究工作……各组参加研究会员与一览表如下:

课程研究组 会员廖茂如(召集人)、沈体兰、陶广川、倪文亚、盛振声、韩觉民、平海澜、吴友孝、金月章、陆中逵、严浚宜、季达、程克献、吴葆梦、马家振、程宽正、张载伯、王臻善、陈鸿璧、李续宾、黄达平、张翮、冯树华、曹源浚

师资训练组 会员陈科美(召集人)、唐乃康、咸正成、盛振声、贾观仁、林美衍、崔坚吾、张蓉珍、徐仁广、沈延祥、李城、冯树华、冯一先、俞文耀

毕业会考组 会员陈济成(召集人)、陶广川、金月章、黄造雄、陶载良、陶士寅、吴友孝、沈体兰、黄森、苏颖杰、张家树、陆中逵、李浩培、陈梦渔、卢锡荣、徐忍寒、冯一先、唐乃康

……

1935年4月23日,《申报》登载了中学师范教育会会考组对学校毕业考试是否该废除的讨论:

中学师范教育会会考组昨开研究会议

对学校毕业考试主张废除

今日训育军训组开研究会

本市中学师范教育研究会已于昨日起开始在八仙桥青年会举行分组研究会议,第一日为毕业会考组,今日为训育军训组,兹分志情形如下:

会考组　毕业会考组于昨日下午一时在八仙桥青年会三楼举行,出席会员陈济成、陶广川、陶载良、陆士寅、吴友孝、杨道弘、沈体兰、张家树、季浩培、卢锡荣、徐忍寒、冯一先、唐乃康等,及教局曾科长、钱弗公、张铸等亦列席,主席陈济成,纪录吴友孝。

研究问题　……

1935年4月24日,《申报》又登载了中学师范教研会训育组对军训相关问题的集中讨论:

中学师范教研会训育组昨开研究会

对集中军训问题讨论颇久

今日课程教学组举行会议

本市中学师范教育研究会训育军训组于昨日下午二时在八仙桥青年会举行第一次研究会议,今日下午为课程教育组举行会议,兹分志如次:

…………

课程组　课程教学组定今日下午二时,在八仙桥青年会举行,教部提出问题:

一、中学课程中科目与时间应否减少问题之研究:(一)科目与每周总时数应否酌量减少;(二)应减去何种科目;(三)每周总时数应减少若干;(四)某种科目之时数应增加或减少若干;(五)中学每周教学及自习时数,第一、二表应如何重行支配。

二、中学算学科时间及内容应否变更之研究:(一)中学算学应否分组；（二）部颁课程标准之时间支配与教材大纲应否变更。会员计廖茂如、沈体兰、陶广川、倪文亚、盛振声、韩觉民、平海澜、吴友孝、金月章、陆中逵、严浚宜、季达、程克猷、吴葆蔓、马家振、程宽正、张载伯、王臻善、陈鸿璧、李续宾、黄达平、张翮、冯树华、曹源浚等。

1935年4月24日，中学师范教联会举行会议，吴粹伦出席会议，对中学课程的科目与时间是否应该减少进行了讨论。25日《申报》登载如下：

中学师范教联会昨举行课程组研究会

对课程问题决定九项原则

今日举行师资组研究会议

本市中学师范教育研究会课程组于昨日下午二时仍在八仙桥青年会举行第一次研究会。今日下午二时，仍在原处举行师资组研究会，兹分志各情如次：

课程组　出席会员韩觉民、陈鸿璧、曹源浚、王臻善、严浚宜、张翮、盛振声、张载伯、胡左文、吴友孝……

1935年4月29日，中学师范教育研究会毕业会考组针对毕业会考制度的问题，又进行了会议。4月30日《申报》登载如下：

中学师范教育研究会毕业会考组昨续会

对毕业会考制度问题讨论甚详

今日下午续开训育军事组会议

本市中学师范教育研究会毕业会考组，于昨日下午二时，续开第二次研究会议，今日下午二时在湖社续开训育军事组会议，兹志各情如下：

毕业会考组　到陈济成、沈体兰、冯一先、吴友孝、陶广川、唐乃康、徐忍寒、杨道弘、王忠明、金月章、教育局钱弗公、张铸，主席陈济成，纪录沈体兰。研究问题……

1935年11月8日下午2时，中学师范教育研究会借八仙桥青年会九楼举行第一次大会，各中学及师范学校校长出席该会，吴粹伦以会员身份出席会议。6日《申报》登载如下：

教局定期召集中学师范教育研究会

八日下午二时在青年会

市教育局昨训令,本市市立及私立已立案各中学及师范学校校长云,案查本市中学师范教育研究会本年度上学期研究问题,业经本局第三一四号《教育周报》编印中学师范教育研究问题专号,除公布外,并令发各该校备阅在案。兹定于十一月八日(星期五)下午二时,假八仙桥青年会九楼举行第一次大会。各该中学及师范学校校长,自应一体准时出席,以便分组研究,合行令仰遵办毋忽,切切此令。附该会会员名单如下:廖茂如、沈体兰、陶广川、倪文亚、盛振声、韩觉民、平海澜、吴友孝……

中学师范教育研究会于1935年11月22日决定借贵州路湖社举行首次会议,会议分三组进行,讨论各项事宜。《申报》于21日登载如下:

中学师范教研会明日开始分组研究

课程教学组明开首次会议

会员廿余研究问题二十九

本市中学师范教育研究会定明日开始分组研究。课程教学组明日下午四时假贵州路湖社举行首次会议,会员共二十余人,研究问题计二十九题,将讨论分科研究办法。兹将会员姓名及研究问题,分录如下:

会员姓名 廖茂如(召集人)、沈体兰、陶广川、盛振声、韩觉民、平海澜、吴友孝、金月章、吴志骞、严浚宜、季达、程克猷、吴葆蕚、马家振、程宽正、张载伯、王臻善、陈鸿璧、李续宾、黄达平、张翮、冯树华、曹源凌等

…………

1935年11月23日,中学师范教研会课程教学组举行首次会议。会议决定,分三小组进行课程教学的分别研究,吴粹伦出席会议。是日《申报》登载如下:

中学师范教研会课程教学组首次会议

  决定分三小组分别研究

  并定廿九日开小组会议

…………

  分配小组　继决定分（一）中学课程、（二）中学各科教学、（三）师范课程与教学属于市一组者，有第二、三、六、十三、十八、二十、廿一、廿二、廿七、廿九等题，属于第二组者有第四、五、七、八、十、十五、十九、廿四、廿五、廿六等题，属于第三组者有第十一、十六、廿八等题，并当场认定参加第一组研究者为沈体兰、韩觉民、吴粹伦、吴志骞、严浚宜、程宽正、王臻善、李续宾、黄达平、李宝琛等，参加第二组者为廖茂如、陶广川、金月章、李达、陈鸿璧、张翮、曹源凌等，参加第三组者为盛振声、王毓祥等，并推定程宽正为第一组召集人，廖茂如为第二组召集人，盛振声为第三组召集人。

…………

  1936年3月13日，中学师范教研会为研究国难时期教育及各科教学法，于下午3时在八仙桥青年会举行本学期第一次全体会员大会，讨论上学期各组研究结果报告及本学期中心研究问题。市教育局潘局长任主席，钱弗公、贾佛如、吴粹伦等会员出席。14日《申报》登载如下：

中学师范教研会昨日举行全体大会

  主席潘局长通过各组研究报告

  本届中心研究问题昨亦经决定

  为国难时期教育及各科教学法

  本市中学师范教育研究会于昨日下午三时在八仙桥青年会举行本学期第一次全体会员大会，讨论上学期各组研究结果报告及本学期中心研究问题，兹分志如次：

  出席会员　出席者计市教育局潘局长、曾科长、童世荃、钱弗公、吴人亚，及会员廖茂如、章益、陈济成、林美衍、贾佛如、阎振春、陶广川、马家振、吴志骞、汤增扬、张以藩、严浚宜、沈同一、曹源凌、李续宾、张家澍、卢锡荣、平海澜、吴友孝、张石麟等八十余人。

1936年10月31日，吴粹伦出席上海中等学校协进会会议。上海中等学校协进会由上海市有名的中等学校组织，当时成立已有8年，平时除讨论各中等学校的共同问题外，还分期举行各科教学研究学术演讲活动，对彼此教学也提出意见，促进了上海市教育的良好发展。该次大会是该组织第57次大会，到场的各校校长如廖茂如、吴粹伦等共计二十余人。郑西谷任主席，吴粹伦负责记录工作。该日《申报》登载如下：

上海中等学校协进会开会

上海中等学校协进会，系由本市各著名中等学校所组织。成立以来，已届八载，平时除讨论各中校共同问题外，并分期举行各科教学研究学术演讲及相互参观等，对于本市中等教育改进颇具推动之力。日前该会在功德林举行第五十七次大会，到各校校长廖茂如、沈体兰、孙亢曾、程宽正、陶广川等二十余人，由郑西谷主席，吴粹伦记录，除报告上学期会务及经济情形外，并议决……

1936年12月8日，吴粹伦出席中等学校协进会算学讨论会。该日《申报》登载如下：

中等校协进会算学讨论会

讨论重要问题共有八则

分别函请各校研究报告

上海中等学校协进会，于上周在八仙桥青年会举行算学讨论会，讨论问题，共计八则。会议经过经整理后发表如下：

出席人员　计到省立上中郑西谷、张仲寰、朱凤豪、居秉瑶、华祗文、刘遂生、华铮、彭恕华，吴淞中学何士豪、姚文训，麦伦中学夏伯初、汪师竹、吴上千，大夏附中王汉中、张元书、丁汝康，澄衷中学陈岳生、吴友孝……

也正是在参与各项教育改革的实践过程中，吴粹伦的教育观逐步成熟，他的这些观念，即使在新一轮"课改"已经进行了许多年的当今看来，仍有很大的积极意义。

澄衷治校严谨，组织设置齐全，分工职责明确。办学宗旨是将学生培养成德、智、体全面发展之通才，校训为"持诚求真"。

其一为"德育"方面。

除有考查、奖惩等规程、通守规则以及专门的操行考查簿外，甚至还有修学旅行规程。

训育目标：

1. 养成雪耻御侮的决心；
2. 养成勇敢奋斗的精神；
3. 养成刻苦耐劳的习惯；
4. 养成审慎周密的思考习惯；
5. 养成强健刚毅的身心；
6. 养成自治自理的能力；
7. 养成爱国爱群的观念；
8. 养成优美高尚的情绪；
9. 养成生产合作的知能；
10. 养成服务社会的志趣。

学生操行标准：

1. 明耻：发奋图强，决心御侮；
2. 尊重：遵守纪律，敬爱师友；
3. 忠诚：真诚待人，效忠国家；
4. 康乐：身心健全，遇事乐观；
5. 勇敢：不畏艰难，牺牲奋斗；
6. 缜密：精研学业，潜心思考；
7. 生产：刻苦勤劳，崇尚节俭；
8. 审美：欣赏艺术，爱好自然。

这些内容的展示，使实施者一目了然，按章办事，避免了很多差错。而几乎所有的规程编写、委员会组织，吴粹伦都躬身亲问。

1936年4月16日，《申报》上曾刊载吴粹伦在澄衷中小学35周年纪念刊上的弁言（序言）：

澄衷中小学卅五周纪念刊弁言

吴友孝

本校自经始迄今,既有三十五周年矣。逆溯先校主叶公澄衷,顾命而殁,未克躬睹厥成。而后之贤哲,均能仰体遗志,克勤克慎,始自蒙训。至于中学,毕业是校而服务社会者,数以千计,诚不朽之业也。顾校誉益隆,而后之继其事者,其责乃益艰且巨。叶公之遗言曰,务求妥洽,克垂久远,庶几从此学习之人学有进益,大则可望成才,小亦得以谋业。又当立校之初,西商克劳克教士李佳白,闻之往贺,且谓华人无恒心,自私害公,巨款至,中饱以尽耳,盍属诸工部局或教会。公以语校董陈、樊二公,佥不可。后陈公为前校长曹公述其事,且曰,三十年来,他可不具论,只此校尚在,金尚存,可为我民争光不少,是叶公期望之殷,前贤贻谋之臧,以成就兹校之大,则后之来者,所以承兹休命,保厥令名,以垂于万世者,岂易事哉!兹值立校之日,谨刊文纪念,将以明叶公兴学之伟志,与夫前此尽力斯校者之功绩;而使继其事者,惕然于所荷之艰巨,益自策励,以伸展前贤之志业,而效用于社会国家。则是刊之行,岂直波斯之锦已乎!邦之贤达,苟进而教之,则幸甚。

吴粹伦在其《我所望于本校同学》一文中,针对世变国难的形势,提出:"我们要有世界常识;我们要有爱国思想;我们要有高尚人格;我们要有康健体魄;我们要有生产能力;我们要有勤劳习惯;我们要有纪律生活;我们要有服务道德;我们要有互助精神;我们要有坚强毅力。"

在运用"眼前"的人事作为德育的教材方面,吴粹伦做得甚好。他在《我们该怎样纪念澄衷先生》和《我们则效了澄衷先生没有?》等文中,介绍了学校创始人叶澄衷先生的言行,号召学生学习澄衷先生的各种精神,如明耻勇敢、勤劳缜密、康乐诚实、爱国、有创造能力、善于生产互助等;并提出,只有认识澄衷先生,才配纪念澄衷先生,则效澄衷先生的言行。努力,奋斗,救中国,才是真正纪念澄衷先生!

其二为"智育"方面。

澄衷的教学大纲分列公民、卫生、国文、英文、算学、生物、理化、历史、地理、劳作、图画、音乐、簿记、打字等科。即使是补习班，也同样有教学大纲，大纲中详细列有教学方法、教材、自修作业、考核方法等。除数学、语文之外，教材均是萃取英文原版精华的油印本。

图书馆是展示学校教学质量的重要窗口，澄衷学校的图书馆建在世美堂下层，占屋三大间，光线极佳，有书库及阅书室。阅书室可容五六十人，并设有报架和杂志架。吴粹伦深知图书馆的重要性，常到图书馆查看图书摆放是否合理，卡片、索引是否有差错，拟定近日需购买的书籍和增订的报纸杂志名单。图书馆藏书涉及古今中外，各学科专业图书、革命进步书刊、工具书等应有尽有。此外还不断购进新书，如1934年4月告示购进新书86种，时隔6个月又购进新书160种。新书涉及范围极广，如《论语正义》《心理学》《教育统计学》《宋元学案》《近代资本主义进化论》《剪贴教材》《恋爱之路》《昆虫图谱》《我们的身体》《陆放翁集》《好妻子》《茅盾短篇小说集》《格林童话全集》《伽利略传》等。所藏图书截至民国二十五年（1936）年底，共有16773册（藏书楼藏书3万册除外）。图书馆还长期订购杂志37种、报纸4种。每种图书均设有卡片索引，杂志每满一卷则装订成册。

教学质量自然是吴粹伦特别重视的一环。

除了日常的教学工作外，吴粹伦对学生的假期作业也非常关注。我们看看他的文章《关于假期作业的一个报告》，就可知道。文中，他从"寒""暑""假"三个字入手，强调假期作业的重要作用，认为就学生而言，"应当利用寒暑假，复习过去一学期的各种课业，考查自己的成绩，并且作一系统的整理，预备下学期新知识和新技能的学习"。具体来说可以分做四点：其一，复习旧课的好处；其二，可把一些极有趣味的作业当作一种娱乐；其三，养成善用闲暇的习惯；其四，发展兴趣，鼓励自动研究。文中，对时间不同的假期中各项作业的数量、各年级必做与选做的区分、评判标准以及奖励尺度都做了详细的规定。

吴粹伦尤其重视学生的阅读，他积极提倡"活读书，读活书"，他在澄衷校刊第二十六、二十七期（合刊）刊登的《澄衷学生》一文中写道：

澄衷学生要活读书，读活书。

我常想中国新教育的失败，就失败在读书上。先生教读的书，学生读教的书，可以概括了新教育的本质。所谓教读的书，是教死书；读教的书，是读死书。结果，学生在学校里学到的知识技能，到社会上只有极小的一部分可以应用，甚至于一无所用！学所以致用，我们非活读书与读活书不可。怎样叫读活书与活读书？就是无论读什么书，都要用客观的事实或实验的结果来证明或推翻书本上的论证。打一个譬方，我们从船行海上，先见船桅，后见船身的客观的事实，推翻了以前书本上天圆地方的说法，而成立了"地球是圆的"新学说。又如牛顿看到树上苹果落地时，不向上抛，而向下坠，因而创立了地心引力说。再如瓦特见于壶盖随沸水上升，而发明了划时代的蒸汽机。这都是活读书与读活书的好榜样。所谓"活书"，概括说一句，凡社会上与自然界各种现象都是。只有这样读书，我们才有进步，才不至为书本所误，为书本所限，才能够与列强争胜负！

关心学科前沿是作为教育工作者的吴粹伦的显著特点，当"重水"被美国加利福尼亚州大学鲁意斯教授发现，日本千谷利三写有《谈谈重水》一文时，吴粹伦立即翻译过来，将重水的相关特点介绍给学生。

其三为"体育"方面。

对体育的关注，吴粹伦绝不限于学校的体育课。1935年5月，上海第二区小学开联合运动会，吴粹伦为主席团成员之一。5月21日《申报》报道如下：

二区小学运动会第一日

男乙铅球造新纪录

广肇大有夺标希望

本市第二区小学联合运动会已于昨日开始，决赛已完成男子各组铅球、女子各组垒球掷远及男子甲组跳高等项，广肇公学大有夺得男女总锦标之希望，兹分志各情如次：

开会情形　会场借持志大学操场，上午九时行开幕典礼，到教局代表马崇淦、邵汝干等。主席团瞿树荣、周近新、吴友孝、冯宪成、严正清。由粤东中学乐队奏乐，江湾卫生事务所担任救护，澄衷童子军及北站公安分局警士维持会场秩序，参加学校六十二校，田径选手九百余人。开会行礼如仪。主席报告，教局代表邵汝干致训词，旋由运动员绕场一周，即开始运动。

……………

重视学生的体育，吴粹伦并不是停留在口头上或文件上，而是落实到行动中，其宗旨是全面提高学生对体育的兴趣，全面增强全体学生的体质。他在《二十三年度之本校概况》一文中说："本校中学体育部向隶教务部。后鉴徒于有高深之学问、优美之人格，而无强健之体魄，则不能成为健全的公民。故本校对于体育一项，破除一般崇尚选手的习惯，而致力于全体学生之普遍及严格训练，以期收强国强种之效。自教部'新课程标准'颁布后，本校即将体育部由教务部划出，与教务、训育等部并列，以符三育并重之义。"将"体育部"与"教务部"并列，这是一个空前的创举。

为了让学生参观上海市运动会，学校特地停课三天，他在《参观上海市运动会第二日总报告》中详细记载了学生参加活动的情况：

第一日，学生全体参加，表演团体操两节。

后两日，由全体学生组织小队自由参观，规定学生队长负责制，并提出必须步行前往以资锻炼的明确要求：

明确指明参观市运动会是一种重要的课外活动，要看作正课一样，参观市运动会所得至少要足抵学业所失。由体育主任向全体学生说明参观运动会之重要意义与参观时应注意之各点，即于第一日晚返校整队时分发报告表，由各小队分别约定集合地点。甚为细致的是，规定了"零用务须节省""摊贩不洁，尤忌购食"等。

回来后，分别统计三天间各班级原有人数、参观人数、请假人数，甚至还统计路上用时用钱情况，对超时与用钱较多者追查原因，并对学生所写的感想琐记进行统计，精确到各人所写的字数。更为特别的是，还进行了"疲劳感觉"的统计，得知不感疲劳者占百分之六十以上，稍觉疲劳者在百分之十五以下，感觉疲劳者在百分之二十五以下。其翌日感觉疲劳者最少，为35人，约占百分之十一。又各级间亦不因年龄关系而有显著之区别。这何尝不是对学生体质的关注！同时，这一系列的统计也是今后学校开展各项活动的参考资料。

为了保证学生的全面发展，澄衷制定了严格的规章制度。澄衷规章制度分为八大块：行政管理、教学、训育、体育、事务、图书馆、童子军、澄衷市。

吴粹伦任澄衷校长后，又做了补充和细化。主要如下：

行政管理有教务、训育、体育会议规程；另成立招生、出版、避灾练习、学生自治指导委员会以及升学就业指导委员会等。

在职期间，吴粹伦首先改革了学校的经济制度。会计员由校董会雇用，校长对会计员有监督权，无进退权。校长不经手分文，银行支票存会计处，印鉴由校长保管。彼此辖制，用度明晰。同时又编制预算，逐月向校董会汇报收支，领取月款，按表开支。施行以后，经久不变。然后，吴粹伦妙选师资充实教学，提倡并实施各种改进计划，以使校内工作按部就班，秩序井然。

为保证教学质量，吴粹伦任澄衷校长时，紧抓教师队伍建设，澄衷学校师资水平一流：有编著《五禽戏》《叠罗汉大全》《八段锦》的体育教育家王怀琪，有精通诗文、医术、音律的江南文豪余天遂，有曾任《解放日报》《文汇报》副社长、总编辑的新闻界名人陈虞孙等。

同时，采取"请进来，走出去"的办法，加强师资队伍建设。以1936年最有代表性。

"请进来"，即邀请麦伦中学、吴淞商船学校、苏州中学、沪北中学、飞虹小学、工部局立各小学、轮船木业工人子弟小学、新安小学等学校人员来校指导。《申报》流动图书馆职员也参观了澄衷中学图书馆；北平师范大学研究生黄玉树来校参观，详细询问本校情况，并与吴校长讨论中等教育种种问题。

"走出去"，组织中小学教师及中学生数十人到伦敦中国艺术国际展览会上海预展会参观，到中华职业学校及镇江、扬州等地著名学校参观；组织小学组八组参观团分赴本地各小学参观；中学三年级级任教师钟蓑崖代表本校出席本市推行新生活运动讲习会（听讲两个月）。1936年，体育主任王怀琪赴德国考察体育并参加世运会。同年，小学教师利用暑假赴日本考察，回来均向全校师生做了详细汇报。吴粹伦也亲自到中华职业学校、本地各中小学、南京私立安徽中学、金陵中学、市立第一中学、私立钟英中学及市立逸仙桥小学参观等。

澄衷一直秉承开放办学的思想，邀请校外名人来校做学术、修养演讲，这在《训育实施办法》中就有提及，吴粹伦任校长期间，继承并发扬了这一优良传统。在数量上，时局较稳的3年间，这类演讲每年举办均超过10次，1936年更是多达16次，数量远超之前，涉及面也更广。

每年的升学就业指导是必不可少的内容，澄衷中学多次邀请各学者来校演讲。其中有著名教育家陶行知"学生的责任"的演讲；著名文学家、语言学家林语堂曾两次来校，其中一次讲授"英语发音学"；有革命烈士杜重远"抗日救国"的演讲；救国会七君子之一、著名爱国人士李公朴曾三次来校演讲"抗日救国"，并参加澄衷举行的"九一八"纪念式；时任市教育局局长的潘公展两次来校演讲；著名爱国主义者、教育家，我国职业教育创始人黄任之（黄炎培）三次来校作"升学与就业指导"演讲；著名教育家陈鹤琴曾两次来校演讲；著名爱国人士、职业教育先驱、教育家杨卫玉来校作"升学指导"演讲；我国职业教育先驱之一的江问渔五次来校作"升学与就业指导"及"汉赣旅行中之所见与所感"演讲；《申报》副主编罗又玄两次来校参加"五九"国耻纪念式并演讲；著名爱国主义者、救国会七君子之一章乃器作"抗日救国"演讲；中华职业学校校长贾佛如来讲"救国要从勇字做起"；著名教育家，曾任澄衷董事、校长及终身名誉董事的蔡子民（蔡元培）两次于建校纪念日来校演讲，并在纪念刊封面上题词。

讲座还有"牙齿的防护""南洋风俗（有表演）""防痨之必要及其方法""救护常识""旅行中之所见所感""推广简化字的意义""养蜂的常识及我国养蜂事业的前途""学生应具的适当学习态度"等内容。

为了拓宽学生视野，陶冶学生情操，澄衷中学的户外活动也内容丰富，形式生动活泼。学校经常举办各种运动会、球类比赛、画作展览、书法比赛、习字比赛、演讲比赛、文艺演出，举办恳亲会、假期作业展，也常安排学生外出旅游等。

因处于帝国主义列强侵华的非常时期，澄衷中学于1936年开始举办避灾实战练习，并开设救护常识讲习班（每期两周）。从1937年10月3日开始举办战时常识讲座，每周日上午演讲两小时，中学、高小学生一律出席听讲。内容有防空常识、化学战争常识、救护常识、我国陆军组织及海陆空各种武器大概，共讲六次。组织学生外出募捐，参观国货展，到难民收容所参观慰问并捐赠衣物及学习用品，到中西电台演讲如何节约救难。学校设有自治指导委员会，吴粹伦担任委员，肩负指导、领导和监督的责任。

每有活动，吴粹伦都尽量前去观看，甚至亲自带队，尤其对中学级毕业生，必定亲自带队到工厂、学校、银行等参观，以引导他们升学就业。每年4月4日的儿童节、4月16日的立校纪念式，吴粹伦也必定亲自主持。他出席活动的次数是历任校长中最多的，据不完全统计，1934年有25次，1935年有37次，1936年有43次，1937年有26次（日寇侵华后有所减少），1938年有5次，1939年有28次，1940年有27次，1941年有7次（吴粹伦1941年11月生病去世）。在中等学校组织的各项比赛中，学生成绩喜人：1934年参加英文比赛，名列第五（参加者31校），参加新生活运动演说竞赛，两学生分获第二、第三名；1935年参加田径赛，名列第二；1936年参加运动会，获团体操冠军（以后均保持该奖项）；等等。

1936年，在吴粹伦的大力支持下，校友会恢复活动，校友们用不同的方式记录了澄衷的点点滴滴，为以后研究澄衷的历史留下了宝贵的资料。

吴粹伦自担任教务长起，便开创了校长、教务长亲自带队外出参观、游学的先例。

1934年3月20日，偕孙事务长赴杭州接洽旅行时住所。

4月18日，率中学秋三邬显统、秋二（甲）周鲁泉两生前往江苏省立上海中学参加中等学校协进会国文比赛。

5月21日，率春秋两季三年级学生前往高昌庙拆船所参观，了解商船内部结构。

7月16日，率秋季班三年级毕业生到市政府大礼堂参加上海市中学联合毕业典礼。

10月26日，与两教员一起，率小学低年级学生46人前往商务印书馆参加儿童智力测验。

12月24日，率中学春季班三年级学生前往静安寺路四行储蓄会及国际饭店参观。

1935年3月4日，吴校长组织召开恳亲会委员会会议。

4月4日（当时的儿童节），沪东区教职员联欢会假本校开儿童节庆祝会，吴校长亲临并作报告，上下午各一次，讲毕放映教育电影。

4月18日，中学、高小各正副级长在吴校长的带领下，参加全市学生宣读服用国货愿词典礼，礼毕参观国产学生用品展览会。

4月25日，全体中学秋季班三年级学生由吴校长及教员强可震率领，到中国工业炼气公司参观。

6月2日，小学举办首次恳亲会，吴校长亲临会场并讲话。恳亲会有成绩展览、家属谈话、教学参观、游艺表演等环节。家属、来宾到校者有一千数百人之多。

6月15日，吴校长和教员强可震率中学秋季班三年级学生前往五洲固本肥皂厂参观。

6月24日，中学秋季班三年级毕业生38人由吴校长陪伴，前往第六试场——万竹小学参加毕业会考。

10月，吴校长宣布11日、12日休课两天，以便师生前往全运会参观。

12月4日，吴校长及强、褚两教师率中学春季班三年级学生到浦东周家渡参观丰华搪瓷制造厂及章华呢绒织造厂。

1936年4月20日，中学生组织早起读书会，请吴校长、陈教务长任指导员。

4月26日，吴校长主持召开恳亲筹备会及5月5日第二届恳亲会，日间展览成绩，晚间表演游艺，参观者千余人。

5月10日，吴校长率中学毕业级学生前往国立同济大学附属中学、同济高级职业学校、江苏省立生产学校及国立商船专科学校参观。

6月13日，前往康元制罐厂、亚浦尔电器厂及中华书局仪器制造厂参观。

6月19日，前往浦东周家渡参观章华呢绒制造厂、华丰搪瓷制造厂及新和兴钢铁厂。

6月20日，前往天原电化厂及天利氮气制造厂参观。

12月17日，参观上海银行及申报馆。

12月23日，参观同济高级职业学校及立达学园。

12月25日，参观民生橡皮厂、中华职业学校、中华珐琅厂及五洲大药厂。

12月29日，参观浦东周家渡章华呢绒制造厂、丰华搪瓷厂及新和兴钢铁厂。

1937年5月21日，率中学毕业生前往商品检验局及中华书局印刷厂参观。

6月4日，前往中国工业练气公司中央化学玻璃厂及光华染织厂参观。

6月18日，前往闸北水电公司开成造船厂及虬江码头参观。

6月19日，前往天厨味精厂及五洲固本制造厂参观。

8月13日，沪战骤起，不久学校被日军侵占，吴粹伦忙于筹借校舍、复校的工作，无暇再亲领学生参加各种活动，但活动始终未停止，只是数量相对减少而已。

吴粹伦非常重视学校的硬件建设，他在《建筑新校舍刍议》中分析了现有校地校舍的缺点，阐述了建新校舍的重要意义，以及觅地重建校舍、改建校舍的决策，并且重述之前提出的关于扩大校基的运动。文中曰：

> 本校今后应当改进的事项不止一端，例如彻底改善行政组织、积极实施训教合一、充实各科设备、提高学生程度等等。但是实质当然需要改进。而学校形式，也和精神同样重要。为了形式的简陋，以至精神不能振作，很多很多。环境对于人生的影响，是谁都知道的；所以校地校舍影响于教学和训练，实在非常重大，外观的美丽宏伟与否，还是小事。欧美日本办学的，往往平时开支力求撙节，独对于校景的布置、校舍的建筑多用全力经营，一个小学的建筑费达几十万，一个中学的基地达数百亩的，是很平常的事。校舍和教育的关系，从此可想而知了。故而一方面，力促新校舍的建设；另一方面，在现有的基础上作一些增添和改进。如盖起了浴室、世美堂，建起了大操场，开辟了教职员娱乐室，切断了学校后门与养正里宿舍之间的通道，更在1937年将厕所改装成拉水马桶等。

1937年8月13日，日军侵占了学校，新校舍的建设愿望终未能实现。

吴粹伦任澄衷校长七载，培养了诸多栋梁之材，可谓桃李满天下。例如：高文彬，著名法学家；史霄雯，革命烈士；何友谅，模范生（这是当时澄衷学生的最高荣誉）、革命烈士；汤德全，矿山机电专家和教育家、科学院院士、1959年人民大会堂建设指挥部副总指挥；於崇文，著名地球化学动力学家与矿床地球化学家及科学院院士；陈占祥，著名建筑规划师、清华大学教授，曾任上海市建设局都市规划委员会总图组长，参与了人民英雄纪念碑的设计；虞浦帆，第一台电子计算机研制者，该机承担了1964年我国第一颗原子弹爆炸试验任务；李达三，实业家，牢记澄衷先生"致富不忘回馈社会"的遗训，多次向学校捐款,并助建了李达三楼,设立了澄衷讲教基金。

吴粹伦任澄衷校长期间,多次受到教育部门的嘉奖。

1935年1月全市汇考,该校总成绩列甲等,获教育局嘉奖。

《申报》在这一方面也有不少报道。1935年3月26日《申报》登载市教局发表视察私立小学结果如下:

市教局发表视察私立小学结果

嘉奖者有斯盛小学等

申斥者有德润小学等

本市私立小学办理情形向由市教育局派员视察、评定等第、分别奖惩,各在案。兹将二十三年度第一学期该局视察结果择要列表如次:

校名	校长	等第	奖惩办法
……			
静安小学	何 东	甲	同 上
三育小学	黄庆润	甲	同 上
渭风女大	周粹英	甲	同 上
澄衷小学	吴友孝	甲	同 上
宁波二小	张静植	甲	同 上
中掀小学	刘蓉士	甲	同 上
东山初小	严重望	甲	同 上
德润小学	沈 毅	丁	申斥并令改进
……			

3月27日,市教育局送来训令(对小学视察评语):"该校校舍宽敞适用,校长办事诚恳,各项设备充实,教员批改课卷勤恳,学生成绩优良。成绩列入甲等,应予传令嘉奖,以资鼓励。"

11月26日,市教育局训令(对小学视察报告):"该校校舍宽敞适用,设备尚称完善,校长主持有力,行政有条不紊,各级教学认真切实,学生成绩优良,训育实施亦属相宜。成绩列入甲等,应予传令嘉奖,以资鼓励。"

1936年4月9日,市教育局训令(对小学视察报告):"该校规模宏大,设备充实,学生发达,成绩优良,校长学识经验相称,主持校务,颇称努力,教员通力合作，气象颇佳。成绩列入甲等，应予传令嘉奖，以资鼓励。"

5月20日，市教育局训令："本市清洁运动周，该校人员努力工作，应予传令嘉奖。"

12月5日，市教育局训令（对中等学校视察报告）："该校行政整饬，办理切实，训教成绩，具有可观，殊堪嘉许。成绩列入甲等，应予传令嘉奖，以资鼓励。"

12月10日，市教育局训令（对小学校视察报告）："该校规模宏大，设备充实，校长主持校务颇具热忱，行政有条理，训育亦合法，教员努力职务，学生成绩优良，殊堪嘉许。成绩列入甲等，应予传令嘉奖，以资鼓励。"

吴粹伦在澄衷中学时共写有文章12篇。除了上文提到的《我所望于本校同学》《关于假期作业的一个报告》《谈谈重水》《我们该怎样纪念澄衷先生》《我们则效了澄衷先生没有？》《二十三年度之本校概况》《参观上海市运动会第二日总报告》《建筑新校舍刍议》外，还有如下几篇：

其一，《本校之过去现在及将来》分为：1. 回顾（立校后至该文上学期止）；2. 现况（本学期）；3. 计划（今后三年间）。该篇文章只有第一部分，后面两部分内容，吴粹伦在他的《建筑新校舍刍议》一文中交代得很清楚：前年立校纪念日撰了《二十年度之本校概况》一文算是前文的"现在"部分，同时也略略说到以前沿革与今后计划。去年三十五周年纪念时，编了《学校一览》一册，关于"过去"历史和"现在"状况，叙述得较为详细，对于"未来"的展望全未提及，那么本校将来的希望是什么呢？作者愚见所及，要就校舍建筑方面一说，也算是补足前文的"未来"部分。

其二，《关于伟人选举》。

其三，《写在小学部恳亲会闭幕以后》，该文描叙了恳亲会的筹备经过与举办实况，重点说明恳亲会的意义：联络家庭，谋儿童教育之改进。原文附有"改进计划大纲"。

其四，《澄衷学生》，该文认为澄衷学生应具备三个条件：1. 要有礼义，有廉耻；2. 要多运动，强筋骨；3. 要活读书，读活书。

严于律己，宽以待人，这是吴粹伦一贯的做人准则。

他对学生从不高声呵斥，总是和颜悦色，谆谆教导，以至诚感化之。同人及学生不管有了什么困难，他总尽力帮助之，资助是常有之事。对于穷苦人，他总是抱有同情，力之所及，无不周济，自己却素菜淡饭，甘之如饴。某日天气寒冷，他亲拣一条棉被和一件棉衣，上了电车，送往朋友处。

民国二十六年（1937）冬季，上海澄衷中学迁址北东路上课。室少师多，后至同人不得安插。此时一位同乡自乡赴沪，不能得一教席，吴粹伦就资助他30元，教他暂营小本生意。这位先生就以自力更生的姿态，把这30元的作用发挥到最大，结果成了上海某大糖果公司的老板。

吴粹伦工作起来可谓一丝不苟，废寝忘食。他从来没有学习过统计学，但是他无论对于过去还是现在的事情，必定做一统计，研究其优劣之处，然后逐一改善，以期达到至善的地步。他任澄衷校长后，用了大量的时间和精力将学校里的大小事利用表格登记在册，使人一目了然，清清楚楚。对历年学生的勤惰和成绩统计缜密，并有精确的比例数字。澄衷立校40年，经费一项素来没有详细的记载。在学校破旧簿籍散佚的情况下，为做记录，他从残缺不全之故纸堆中寻觅，前往与澄衷有关系的各方尽力搜寻片段材料，又向三四十年前之老校友询问，然后将所有资料整理、统计、整合，最后得到了一份颇为精确的40年来经费统计表。澄衷"划整齐一"的著名校风也由此体现。

1940年11月13日，南方中学举行三周年校庆纪念式。到场家长、来宾及学生代表有五百余人。参观者络绎不绝，有千余人。作为教育界的代表，吴粹伦也参加了该纪念活动。该日《申报》登载如下：

学校消息

本市南方中学昨晨九时举行三周校庆纪念式，到家长、来宾及学生代表五百余人。徐校长主席对该校缔创艰难、设施现况及发展计划阐述颇详。次由教师代表王芝九、金绍丞，毕业生代表余庆康、沈惠鹏，及在校学生代表薛家骥等先后演说。……教育界方面，有华华、澄衷、大中等中学校长高尔柏、吴粹伦、吴宗汉等。

1941年4月16日，澄衷举行中小学40周年纪念活动。次日《申报》登载如下：

澄衷中小学昨四十周纪念

昨日为澄衷中小学四十周纪念。上午九时开会，行礼如仪，到教育关系方面代表：工部局华人教育处处长陈青士……先为校董、教职员、校友、学生等，向故校主叶澄衷遗像献花。次为校长吴友孝报告叶澄衷史略，暨"八一三"后四年情形及未来希望。继为校董训词及校友演讲。……

奉公廉洁鞠躬尽瘁　爱国亲民慷慨倾囊

吴粹伦有妹两人。两位妹妹皆由其抚养成人，由其打点成婚，一嫁南港（甪直东头），一嫁巴城。有弟一人，名学孝，自幼至长均由其赡抚培育。吴学孝后留学美国，毕业于麻省理工学院，后回来报效祖国，为我国的煤炭工业发展做出了贡献。关于学孝先生，1920年7月24日《申报》曾载如下：

爱国家不知爱美人

苏州中学教员吴粹伦君之弟吴学孝君，留学美国某大学，今夏以第一名毕业归国。有达官曹某女与吴同学，心倾吴之为人。曹知女属意吴，因托人达意，愿选为东床。讵吴以其有卖国嫌疑，婉言谢却，曰："余只知爱国，不知爱美人。此事未便从命云。"若吴君者，可以风矣。

父亲奕如先生在家颐养晚年，常游街市，喜临摹颜柳书，老而不废。一家人只有在吴粹伦寒暑假期方能团聚，此时两个妹妹定携子女归宁，其父捻须微笑，享天伦之乐。不料奕如先生在1925年某日于街上突遇奔车，避让不及，被撞跌倒，两日而殒。吴粹伦号啕大哭，引为终身之痛憾，加之为校事日夜操劳，两鬓染霜，身体每况愈下。

处于新民主主义时期的吴粹伦，思想开明，赞同革命，十分爱国。他的桌上既放着《三民主义》，又放着《新青年》和鲁迅的《呐喊》《彷徨》等书刊，他允许图书馆添购了不少革命的进步书籍。

每有集会，尤其是每年"五一"国际劳动节、"五三"蔡公时被日军杀害的"济南惨案"纪念日、"五四"新文化运动纪念日、"五五"孙中山就任非常大总统纪念日、"五九"国耻纪念日（日本强迫袁世凯签订二十一条卖国条约），以及"五卅"运动纪念日，他必亲自主持集会。他倡导大家反对帝国主义，尤其反对日本帝国主义侵华的兽行，极力抵制日货，大力提倡国货，并常用先贤顾亭林"天下兴亡，匹夫有责"的名言来激发大家的爱国情怀。

他积极支持师生的爱国革命行动。1925年"五卅"惨案消息传来后，群情激奋，为了援助工人，吴粹伦暨教职员等组织昆山县立中学募捐队。6月2日起，昆山县中学生分组外出演讲，揭露帝国主义的侵华罪行。8日，县中朱省疢等30名学生组成5个募捐队，携带竹筒，分赴各乡镇，共募捐到大洋134元、小洋597角、铜元114830枚。6月14日上午，由地方人士俞缙方、蔡璜等监控，在图书馆当众剖筒，将各校所募之款暂存昆山银行，数日后汇往上海学生总会，声援上海人民的反帝爱国斗争。

1925年6月15日，吴粹伦积极参加江浙各界对于沪案之援助活动。该日《申报》记载如下：

> 本邑旅外学生现有多数回昆，纷纷设立办事处，着手募捐。旅外大学生已假教育局为办事地点，劝募捐助，并通告外埠学生，如有至昆募捐者，须先至该处接洽，以免事出两歧。旅外中学生，亦于察县前市立第二小学校内设立办事处，劝募捐助，并于明日（十五日）起，假图书馆演售新剧，集资救济，戏目为"生死关头"。又闻昆山初级中学，为五卅惨案募捐援助工人。星期一，由该校校长吴粹伦暨教职员、学生等，组织昆山中学募捐队，全校学生三十名共分五队，携带竹筒，分往昆属邻近各镇竭力募捐。各界咸乐捐助业，于星期四截止。今日开剖竹筒，该校函邀各界监视，来宾到者有：商会会长朱孟豪、教育局代表朱敬之、保卫团团总蔡望之及记者等。先由校长吴粹伦报告四日中募捐情形，后即剖开竹筒，计得大洋一百三十四元、小洋五百九十七角、铜元一百十四千八百三十文，兹已托昆山银行汇往上海学生总会奉贤。奉贤学界鉴于沪案棘手，爰组织沪案后援会，内分宣传、经济、交际、文书、总务五科。自成立以来，办事颇认真，闻已募得捐款不少，第一批曾解出一百五十元，第二批解出二百元，不日尚有大批捐款解出，以资救济。所有演讲及募金川资，于捐款分文不用。……

1927年6月1日，昆山教育界举行"五卅"纪念大会，公推吴粹伦主席报告五卅惨案经过情形。该日《申报》载曰：

昆山举行五卅纪念

本邑县市公私立各学校于昨日上午十时齐集公共体育场，开五卅纪念大会。公推吴粹伦主席报告五卅惨案之经过情形，继由教职员潘吟阁、张粹民等，相继演说。毕，列队游行，由公共体育场出发，至半山桥，向东走东塘，经高板桥，南行走北后街、县东街、老县前，南行走大街至正阳桥散队。下午由各校学生分组，在街巷口自由演讲，藉以唤起民众。

1927年6月15日，吴粹伦带领学生为北伐军劝募军费。该日《申报》载曰：

昆山劝募北伐军费

本邑县立初中女师及第一第四乙种商业等校学生，联合组织劝募北伐军费团。自六月九日起至十一日止，分组持筒往城乡各处努力劝募，对于应募者给予收据及纪念片。十三日在初中校开筒，由各校教职员吴粹伦、王乘六、汪志皋、顾冠凡等莅场监视，计募得洋五百六十余元，公决暂储昆山银行。

1927年，北伐军胜利进驻昆山，学生走上街头，集队游行庆祝，喊着口号，唱着歌："打倒列强，打倒列强！除军阀，除军阀！国民革命成功，国民革命成功！齐欢唱，齐欢唱！"县中学生分成游行、宣传、慰劳三组，为北伐军进驻昆山做了许多积极的工作。

1927年8月10日，吴粹伦参加反日运动会。8月13日《申报》登载如下：

昆山反日运动会

八月十日上午八时，县党部特委会联合地方公私各团体，在公共体育场开反日运动会。其时适逢天雨，各团体均冒雨而至，各机关团体及各界民众共到一万余人。八时开会，行最敬礼后，先由主席李子一报告开会宗旨，继有吴粹伦、王乘六、潘吟阁等演说。毕，民众各执标语纸旗，列队游行至正阳桥，整队高呼口号而散。

吴粹伦先生心怀恻隐，全国各地每有灾情，即积极捐款。1931年9月21日，《申报》记载了吴粹伦为全国水灾捐款一事，如下：

上海筹募各省水灾急振会经收赈款第九次报告

……吴粹伦、吴稚用各捐洋十元（以上四户由中华职业教育社经募）……

1932年2月23日《申报》刊登了关于中华职教社救济青年失学的方法，即特设大学中学补习科。

1932年3月18日，吴粹伦作为中华职业教育社代表，参加战事失业工人救济会。20日《申报》登载如下：

社会局召集成立战事失业工人救济会

拟定救济原则三项

推定委员负责办理

本市社会局前日为救济战事失业工人，特召集各有关系职业团体讨论救济办法。出席代表：孙鸣岐（市商会），王国贤（市公安局），潘仰尧、杨崇皋（上海职业指导所），钱振亚（沪东公社），许也夫、冯一先（市党部），陈铭（普益社），吴粹伦（中华职业教育社）……

1932年"一·二八"事变后，敌兵压至沪境，不论是战区还是非战区，不论大学或小学，一切教育都陷于停顿状态。于是，中华职业教育社附设了大学中学补习科，江问渔、杨卫玉、陈选善、沈有乾、潘文安、贾佛如、吴粹伦等七位委员负责此事，其中陈选善主持教务。他们共收到男学生154人，女学生35人。1932年5月19日《申报》登载如下：

一·二八后的上海教育事业（七）——战期补习

自敌兵压到沪境，不论战区或非战区，不论大学或小学，一切教育都陷于停顿状态，尤其是大学教育。于是中央大学商学院添办了补习夜课，上海青年会筹备了大学补习学校，中华职业教育附设了大学中学补习科，救济那嗷嗷待哺智识的青年男女。

现今介绍中华职业教育社附设大学中学补习科的内容与办法，藉悉"一·二八"后上海补习学校的概况，同时我们祈祷，国人要争气，免得再来一个像这样演那临时抱佛脚的惨剧。职教社附设补习科的宗旨，不消说是救济一般失学青年，俾青年有向学的机会，以免荒废学业，虚掷光阴。程度是本科分两组，一为大学一、二年级的学生，一组为高中二、三年级的学生。科目，中学组设国文、英文、数学、理化四科，另请学者举行特别演讲。大学组设国文、英文、数学、社会科学（内包政治学、经济学、教育学、社会学四门）四科，另请学者举行特别演讲。上课期限暂定为四个月，自三月一日起至六月三十日止，教授时间每组每周上课六天，每天上课四小时。大学组在上午八时至十二时，中学组在下午一时至五时，学额暂定为中学一百名，大学五十名，男女兼收，每组不足三十五名不开班。学费，大学组学生缴费三十元，中学组学生缴费二十四元，用讲义的酌收讲义费。如战事结束各校开学，即行停止，学费照授课日期比例发还。

报名：有志向学者，可于二月二十三日至二月二十九日，向华龙路环龙路口中华职业教育社报告，随缴报名费五元于学费内扣还。开学于三月一日，证书于六月底结束，凡考试及格的学生得受修业证书。他们有江问渔、杨卫玉、陈选善、沈有乾、潘文安、贾佛如、吴粹伦七个委员，陈选善主持教务。他们共收到男学生一百五十四人，女学生三十五人。大学组没有开班，因为人数不踊跃，额外倒添了一班初中，这是迨后变更的。

1932年6月4日，吴粹伦出席江苏省战区救济委员会驻沪常务会议。6日《申报》登载如下：

苏战区救济会常会记

江苏省战区救济委员会驻沪常务委员会前日下午在中华职业教育社开常务会议。出席者……吴粹伦……江问渔……

日寇侵我中华，吴粹伦义愤填膺，他与教育界同人于1933年2月28日一起写下了告全国教育界同人书。1933年3月1日《申报》登载如下：

上海教育界同人敬告全国教育界同人书

教育界应本身作则倡导救国抗日工作

认定一切教育事业以爱国救国为灵魂

分消极积极两方面共同奋勉努力实行

上海教育界，丁友仁……王允功……吴友孝……

关心学生，支持学生的爱国行为，是吴粹伦的一贯行为。1935年12月23

日，中等学校协进会召开全体大会。到会的有光华、大夏、澄衷等各中学校长及代表二十余人，作为澄衷中学校长的吴粹伦出席了会议。会议对如何指导学生的爱国运动案进行讨论，电请中央及北平当局释放被捕学生，并抚恤受伤学生。1935年12月24日《申报》登载如下：

昨日沪市学生爱国运动热烈情况
中校协进会之指导

上海社云，本市中等学校协进会于昨日召开全体大会，到光华、大夏、澄衷、务本、麦伦、复实、省上中、沪江、南洋、中华职业、复旦、敬业、立达、中西、清心、民立、民立女中、大中、侨光、吴淞、开明、华华、新民等各中学校长及代表廖茂如、倪文亚、吴粹伦……二十余人，由廖茂如主席，张仲寰记录，议案如下：如何指导学生爱国运动案。议决，切实加紧训练，由各校拟订计划，提交下次会议讨论，电请中央及北平当局，请求释放被捕学生，抚恤受伤学生，维护爱国运动讨伐殷逆，切实保障领土完整与主权统一。议毕散会。

对献身于抗日救国的爱国志士仁人，吴粹伦常接济他们去后方或帮他们介绍工作，做就业的保证人。对身陷囹圄的中共地下党员，他还设法保其出狱。王芝九是吴粹伦的得意门生，毕业后受党组织派遣回到昆山县立中学，以教师的身份作掩护，建立中共昆山地下支部，领导众多的进步人士、爱国学生、革命志士，开展了一系列的爱国革命活动。1927年，王芝九被关进苏州监狱。1928年，在同济大学读书的冯如钰和冯山灵同学亦被关进苏州监狱。吴粹伦力请黄炎培等出面担保，一旦获释，即资助他们前往安全地方。

1934年9月18日，"九一八"国难三周年纪念式、国货流动展览会开幕式等在澄衷举行，吴粹伦主持报告，林克聪、潘仰尧、倪拜言发表演讲，厂商来校陈列国货展览者有90余家，展览会还特别延长一天。

《申报》登载的吴粹伦参与的募捐活动达23次（学生参观、慰问收容所，捐款给受难儿童的活动均不在内）：

1934年12月8日，中学秋季班一年级童子军出外参加赈灾募捐。

12月13日，本校师生急赈普捐大洋60元、小洋1600.3元，汇送普捐委员会。

1935年10月15日，本校教职员水灾捐203.13元。

17日，小学生水灾捐146.7元。

19日，中学生水灾捐116.6元，与17日的小学生水灾捐款均送交华洋义赈会。

11月6日，小学灾区儿童救济团募集新旧衣物鞋帽共计2390件，交上海募集各省水灾义赈会。

9日，中学童子军69人参加对外劝募水灾普捐。

1936年12月2日，援绥远捐款结束，师生共捐国币698.36元，交《大公报》馆转汇绥远。其中三年级学生王文康年仅11岁，家长为一工人，而慨捐20元，尤为难得。

1937年6月18日，师生共捐200.33元（其中100.33元指定救济灾区儿童），衣服325件，分别交由中华华洋义赈会总会中国银行及中国慈幼协会转送灾区。

11月7日，学生组织劝募救国公债十人团。

11日，捐前线将士雨衣款43.2元，捐棉背心款8581元，捐伤病慰劳款15.8元，交往赈灾会。

12月1日，师生购募救国公债共计1302.12元。

1938年5月13日，中小学生发起捐储救济金，18日结束，中学捐39.6元，小学捐60.74元，吴校长捐10元；21日统计共捐救济储金111.34元，交由上海慈善团体联合救灾会教育股，分赠安养、大鹏、卡德、月明、工华五个收容所，充作难童教育费。

7月7日，学生交来节约金14.68元，捐赠上海慈善团体联合救灾会第五十七收容所。

9月18日，举办"九一八"节约献金活动，20日结束，中学捐111.37元，小学捐125.12元，教职员、校工捐47.74元，学校捐44.8元，共计329.03元，交由中央银行汇出。

10月13日，征募寒衣捐款，计中学生319元、小学生409元、教职员112元，共840元，交由中央银行汇出。

1938年、1939年，吴粹伦多次向救难会捐款，《申报》多次登载。

另有多次捐款，不一一陈述。

1932年，吴粹伦两子均已成家，老屋狭窄且年久失修。吴粹伦用34年所攒积蓄，在昆山北后街望山桥北购地建屋，从巴城迁至城区。闻先人银帆翁旧址与此屋邻近，遂取堂名"闲存"，以示不忘祖业。孰料此屋毁于日寇一炬。吴粹伦闻讯，愤懑填胸："二十七年（1938）一月十日，得明乐书知家屋被毁，家人避难宜兴未回，因作一联以志伤感。粹伦志：'积三十年汗血之资，结屋几椽乃成焦土；念数百里流离失所，余生五口何以为家。'"并致书在渝挚友周梅初先生谓："故乡沦陷后，我足趾未入故乡一步。"

另据笔者父亲与几位长辈口述，吴粹伦在沪期间，曾随同蔡元培、黄炎培等筹资购买炸药，并雇用一位潜水员，计划炸毁日兵军舰，后因潜水员临阵胆怯而未能实施。

昆山沦陷期间，日寇曾拐弯抹角地捎信，请吴粹伦回昆任伪职，被其一口回绝。

吴粹伦任澄衷教务长时，月薪200元，仅支160元；任校长时，月薪260元，仅支200元。校董询其缘由，他说："贪污两字的界限，不是多得非义之财叫贪污。就是一个人做事的才力和报酬不相称，倘若自己不明白，照数收受，就叫贪污。我的才力不过如此，怎么可以多得呢？"他与友人闲谈时也说起："一个人做事是应该的，做事要有报酬，也是正当的。做一些小事，而受重大的报酬，即是非分，即是贪污，何况还想求额外的收入呢？所以廉洁是做人的本分，根本说不上名贵，近人特别将此二字提出，简直是没有道理。"

一年后，校董会见他治校有方，一定要把薪金补给他，他一直不接受。在县中期间，他所取薪金往往比一般教师要少，有人问起，他谓："我非矫情，求与劳力相称耳。"但为了避免过于"矫情"，他就将校董会补给的这笔薪水捐给学校，作为自然科学奖励基金，将每年所得利息奖给优秀学生。

吴粹伦曾在梦中作自挽之词，醒后续成三联："服务逾卅年，报酬求与工作相称，常恐有所多取；处世唯两字，忠厚虽是无用别名，从未吃过大亏。""为学乏恒心，稍筑基础，辄中途废止，庸有成乎；处事少果断，每遇失败，多无谓追悔，徒自苦耳。""国难如斯严重，半由于教育失败，罪在吾辈；父仇不能报复，奚逃乎阴司谴责，坠入泥犁。"

1937年，日寇猛攻虹口，澄衷恰在战线中。时值暑假，吴粹伦因忙于校务，还待在校中。他急忙遣散工友，收拾学校重要文件，单独留守学校，直至战火逼近不可守时，方避居当时上海租界的"安全区"，但对家事却未多询问。挚友张英阁见状，赶紧携带其家眷，一路艰辛，撤往宜兴地区。待上海成了孤岛，秩序初定，吴粹伦便立即着手复校工作。因学校已成敌占区，于是吴粹伦先借成都路新寰中学部分校舍，召集原校师生，勉强开学，一切用具都是向各处暂借而得，尽量先满足教职员生活需求。校董会又无法补助，吴粹伦苦干了一年，将学校迁往北京东路通易大楼。迁址后，学校分批添置了各项教具。每学期收到的学杂费，吴粹伦都尽量先安排发放教职员工资。抗战中物价飞涨，吴粹伦决不同步提高学生的收费标准，对教职员工则尽可能按物价指数一次分配所收各费，以免他们受到损失。而吴粹伦月薪仅支原薪两成，几乎不能维持一家温饱。

如此尽瘁校事，在当时上海乃至全国都极为罕见。1939年12月12日，重庆教育部来电褒奖："澄衷中学吴校长：据报该校长在沪认真办学，苦心撑持，至堪嘉慰!"

1941年初秋，吴粹伦弟稚田先生因公出差法国，特从巴黎绕道好望角赴沪看望他，谁料不久染上了斑疹伤寒。吴粹伦得讯，朝夕亲侍汤药，不幸被传染。

吴粹伦于1941年11月11日病笃。大病前两天，吴粹伦还连续代课7小时。病中，吴粹伦仍时时不忘校事，坚持记校务日记，直到11月13日，校务日记方由别人代记。终因平日艰辛操劳校务，营养严重不良，身体羸弱，故百计挽救无效，1941年11月22日酉刻，吴粹伦与世长辞，终年59岁。病中神志昏昏，无一语贻子女。上海各报均发文哀悼。

1941年11月24日申报讯：昆山吴宅报丧，家主吴粹伦先生痛于中华民国三十年十一月二十二日酉时病终沪寓，享年五十九。择于十一月二十五日下午二时在戈登路马白路中央殡仪馆大殓。哀此报闻，恕不另赴。

闲存堂账房谨启

1941年11月25日澄衷学校在《申报》上登载讣告：

澄衷中小学校长吴粹伦君逝世

尽瘁教育垂四十年

私立澄衷中小学校长君吴粹伦,服务苏沪教育界垂四十载,而任本市澄衷校长亦逾十年。平日处世接物,一以忠恕勤诚出之,用能博得社会人士及同事学生之崇钦。淞沪事变,澄校地处虹口,校舍校产暨历年积储,毁损殆尽。吴氏双手空拳,苦心焦思,不忍先哲创业之功毁于一旦。奔走筹划,不遗余力,而澄校乃得于北京路之通易大楼重振弦歌焉。校址底定后,于无可设法中,凡图书仪器及教学上一切应用物品咸一一添备。月曜之晨,又必召集学生,谆谆以勤学、敦品、崇实、知耻为言,而大义所在,力崇气节,尤不惮反复诰诫。故历届难民捐、寒衣捐、春礼劳军捐等,师生无不慷慨输将。四年间数达七千金。而最近之良心献金,尤称踊跃。氏体质素弱,而又黾勉从公,因之元气日耗,病魔潜伏而不自知。本月十一日晚,自校返寓,突发高烧,经西医诊断,系斑疹伤寒,竭力疗治,终无所补,延至二十二日下午五时去世。定于二十五日下午二时,在马白路中央殡仪馆大殓。亲友学生等,闻兹噩耗,以氏尽瘁教育,积劳病故,无不深致悲悼云!

1941年11月26日《申报》登曰:

澄衷校长吴粹伦昨大殓

先后往吊者不下千人

澄衷校长君吴粹伦,积劳病故,已志前报。昨在中央殡仪馆大殓。自晨至晚,先后往吊者有教部驻沪办事处代表暨苏师校、思源中学、爱国女校、启明中学、福慈小学、德化小学等校长,中华职业教育社同人,澄衷中小学校董全体师生,其他门生故旧以及各校代表不下千人。花圈挽联,不计其数。一时素车白马,备极哀荣云。

原以推定择期召开追悼会,12月8日日寇又与英美宣战,孤岛全部沦陷,追悼会遂不果行。澄衷全体同人敬献的挽联为:

以忠恕处社会,以勤朴训后生,数载共艰难,岂意竟成今日别;

为人格争光荣,为教育维命脉,此心无遗憾,但悲不见九州同。

澄衷校董张申之挽:

八载来苦心孤诣,为危残教育维持一线生机,栽朴久成材,叔世犹瞻世道立；

　　数天内末疾微疴，致劳苦身躯催促六旬寿命，黄杨逢厄运，吾侪共叹哲人萎。

胞弟稚田先生曰：

　　我对哥哥的印象，觉得他是严父、慈母、贤兄、良师、益友等说不尽的美德。

民国三十六年（1947）11月，吴粹伦逝世6周年之际，同人、至交、亲属特在昆山《旦报》专版刊登《吴粹伦先生追思特刊》，以补追悼会不果之憾。

附录一　吴粹伦年谱

1883年（清光绪九年癸未），生于巴城之顾巷栅。

1888年（戊子），迁居本县大西门（留晖门），从胡干臣先生受业。

1898年（戊戌），改入戴氏私塾深造，从严泳山先生受业，同时在城东（宾曦门）吴亮臣先生处课蒙。时先生有妹二，弟稚田先生四岁，奕如公病久，家道贫困，先生不得不谋升斗资也。

1901年（辛丑），以第一名补博士弟子员。

1902年（壬寅），在北乡坍石桥朱渭生先生处课蒙。

1903年（癸卯），与北城河岸龚氏成婚，婚后三月，即丁母忧，家益窘，是年处馆于吴门名医马小严先生处，馆谷所入，仅免一家冻馁。

1905年—1923年8月，在苏州期间，用名吴友孝。

1905年（乙巳），辞马氏馆，考入江苏师范学堂速成科。

1906年（丙午）8月，以第一名毕业于师范学堂，执教本县樾阁公学。

1906年9月—1908年6月，任江苏师范学堂理化翻译。

1908年7月—1923年秋，任江苏师范学堂理化教员，兼任草桥公立中学数理化日文教员。

1920年左右，应曲学大师吴梅之邀为其著《霜崖三剧》之《湖州守》定谱。

1921年7月，成为道和曲社首批会员，随后与道和曲社众曲友共同编辑《道和曲谱》。同年应穆藕初之邀加入上海昆曲保存社。

1921年8月，成为苏州昆剧传习所十二董事之一。

1921年，应实业家、业余昆曲家张紫东之邀，为其《节孝褒扬录》著文一篇。

1923年9月—1928年7月，创建昆山县立中学并任校长（用名吴粹伦）。其间先生父亲去世。1928年8月起用名吴友孝。

1928年8月—1934年8月，在上海中华职业教育社任职。1928年8月—1934年7月，任中华职业教育社总务主任。其中1928年8月—1932年8月16日以及1933年7月4日—1934年8月为专任，1929年秋—1932年7月兼任澄衷学校数学教师；1932年8月—1933年7月从中华职业教育社请假，专任澄衷学校教务长，1933年7月—1934年8月回中华职业教育社任职，并兼任澄衷学校教务长。

1932年，以劳力所积之资，建屋一所于望山桥北，其地与先生先德银帆翁旧址（闲存堂）邻近，意谓既不得先人旧业，以此为类乎祖业之复也，其费用共计万元，悉为先生三十余年教薪之积蓄。

1932年（壬申），与交好张家凤、李昌炽、徐芙麟、王震公、周梅初、汪抡一、唐履亨、许鸿藻、蒋君履等因志趣相投，组织壬申社（榆集）。常利用寒暑假期回昆之际，和大家聚会，或游览，或聚餐，或纵谈国家大事，或讨论文学艺术。由于社员中多数人喜爱昆曲，又自然形成了曲集，在一起拍曲，切磋曲学音律。

1934年9月—1941年11月22日，任澄衷学校校长。

1941年11月22日酉时，去世。

附录二　吴粹伦存世文章

发 刊 词

萌芽，转变，到成长

一个机关——无论是政治的、社会的、经济的、教育的，甚至军事的——在目下常发行一种刊物，这是很流行的事。而在创刊的时候总有一篇发刊辞样的文章来说明发刊的动机及理由，这亦似乎是不可少的事。

澄衷是一个学校，学校可算得个机关。我们发行刊物，便因为我们是个机关，这理由不是很天经地义吗？

可是，澄衷立校至今已有了三十三个年头，难道在已往的三十二年中没有发行过刊物吗？假使已经有过，那么，又何待今天的"创刊"呢？

我们的理由是这样：

澄衷的定期刊物早在民国六年便萌芽了。在那年的春季，开始有《澄衷学报》的发行，是由澄衷校友会编辑的。但不幸出至第五期以后便停止了。至民国十年冬季，由澄衷同学会编辑发行了一种刊物，叫做《澄衷》。又不幸出至第十一期以后停止了。至民国十三年四月，智识社组织成立，发行《智识旬刊》，这刊物出到四十期才停止，这在以往各种期刊中，可算期数最多了，因为接着在民国十四年六月，《智识旬刊》改称《智识》——是月刊的性质，仍由智识社主编的，大概出至第十三期以后便停止了。

我们这个述略当然是不很准确的，但我们至少可以见出澄衷的定期刊物是经过了多少的转变和间断。而且这许多刊物里面并没有由学校主办的——至少说，在名义上。

因为经了这许多的转变和间断，我们便无从继续，我们便只能"创刊"。因为由学校主办的刊物，我们这个是第一回，便可以称为"创刊"。

可是，以往的一切丰富的成绩，我们是不该抹杀，不该抛弃的。所以，我们只是在形式上"创刊"，而在精神上，我们是永远继承以往的。没有一种成长能到达，假使不经萌芽与转变。我们应该感谢、珍重并利用以往，面向将来而努力迈进。我们要在以往的坚牢的基础上建起伟大的宫殿，我们要在以往的丰满的根杆上获取肥硕的果实。我们的"创刊"便是我们继着以往的足迹跨起的第一步！

三十三个年头

圣人三十而立。可见人到了三十，腿里才有劲，脊骨刚挺得起来。此后不再用人扶持，可以大踏步地走自己的道儿了。

三十多年的学校，在中国，是很配挂胡子了；但比了欧洲二三百年的老牌学校，那才真是个小小子呢！我们常在小孩子伙里自己倚老卖老，而忘了自己的前程。《镜花缘》里的林之洋常常自称"老夫"，待到了智佳国里人家称他小哥时，他便有些愤愤。我们便有如此境地。

我们有如个人，我们正应该站定脚跟，挺起脊骨，向前看。我们却不像人一般只有数十年的前程，我们有百年、千年、万年的前程；我们像一棵小松，刚透出土面，我们正可无止境地发展。

我们常听到人们的赞颂，说在中国教育的史的发展上澄衷是占先着的。但是，这算得什么！我们在事业的大道上只行了一个起端；在这漫漫的长道上，谁保得住后来的不能争先呢？

在中国教育史上，三十三个年头确算得光荣，我们便应该永久保持这光荣！

在世界教育史上，三十三个年头算不得悠长，我们便应该努力扩展这悠长！

本校之过去现在及将来

引　言

　　本校自成立迄今，已有悠久之历史与显著之成绩。基金巩固，殆为沪上私立学校所仅见；毕业生达二千余人（高小中学合计），其服务于各地者，无不深得社会之信仰；而有事业上之成就及学术上之贡献者，亦已不少。故际兹三十三年之纪念，益思校主叶公之伟大。顾纪念之意义，不仅在于追想过去，而审察现在与希望将来尤为重要。过去如何经营，不能忘前人之功；将来如何发展，则为现在全校同人之责。友孝不揣愚妄，窃本斯义，分下列三项陈述之：

　　（一）回顾（立校后至上学期止）

　　（二）现况（本学期）

　　（三）计划（今后三年间）

回　顾

　　本校三十三年来之发展，大略可分为四个时期，申述如下：

　　▲第一时期　自清光绪二十七年立校日起，至第七年即光绪三十三年冬止，为第一时期——可称巩固基础时期。主校政者为刘树屏、蔡元培（刘请假时蔡为代理）、章梫、白作霖等，皆一时知名之士。其名称由总理掌教，而监督，凡三变；均有总教辅之。总教主察课事，今之教务长也。总教外又有副总教，则主编纂之事；所编课本，有字课图说等，为世所重。校名为"澄衷蒙学堂"，后去"蒙"字。初办寻常小学（光绪三十年改称初等小学）与高等小学，二年后添办中学，又设商科及师范科，后二者旋废。学生第一年一二五人（小学四级），第五年增至三三八人（中小学十二级），第六、第七年稍减。第四年始有小学毕业，第六年始有中学毕业。第七年冬，中学因事停办，监督蒋元庆，总

教陶恩章、余葵卿相继去职。校舍建筑在立校前一年五月动工。翌年一月落成，计正舍三十幢（今之下学、上达两路及怀德路之一部），旁舍十五幢（今之大同、康乐两路北段）及雨中操场一所（后改建为今之澄厅）。彼时有如此规模，实非易事，新创学校，自南洋公学外，鲜有及澄衷校舍之闳整者。当时校董会识见高远，与夫善体校主敬教劝学之意，可以想见。第六年添建大自鸣钟一座及钟楼五幢（今之大同、康乐两路南段），与原有旁舍相连。此钟迄今殆仍为虹口区域最大之钟，居民奉为标准时刻，不仅学校享用已也。

▲第二时期　自清光绪三十四年春起，至民国十六年夏止（立校第八年至第二十七年）为第二时期——可称逐渐扩充时期。此时期之始，组织大变，改监督为校长，裁撤总教，单办初、高两等小学（民国五年秋，初小改称国民小学，十一年秋，取消高小国民名称，统称小学），聘武进谢观为校长。宣统三年一月，添设中学预科，旋即废止。民国元年，曹慕管继任校长，葛祖兰任教务长，张立明任庶务长。三人俱系本校学生赴日本留学（考取浙江留学官费生）归国者，锐意经营，校务遂蒸蒸日上。二年，重办中学。三年九月，改行秋季始业。九年，添设甲种商科。十二年秋，小学、中学商科均改四二制。旧制中学及商科，均于十五年夏毕业完了；四二制中学及商科，均于十九年夏毕业完了。十五年秋，添办高中及专修科（翌年夏专修科毕业废止）。未及一年，国军莅沪，遽以学风不靖，停办高中，惜哉！学生数，自第八年一九一人（小学七级）而逐年增加，民国十年，增至一〇二二人（中学六级、商科三级、小学十六级，共二十五级），自是以迄十五年，无甚增减。十六年春，学生较少，为八九七人（二十四级）。校舍方面，始辟校园，添建中学教室宿舍二十幢（今之博爱、大同两路），扩大厨房及校工宿舍等（今之勤工路），又建筑校主铜像，于二十周纪念时（民国十年）开幕。饮水思源，永永无忘，此为最可纪念者。

▲第三时期　自民国十六年秋，至二十一年一月沪战发生止（立校第二十七年至第三十一年）为第三时期——可称改进及复盛时期。此时期历四年有半。葛祖兰、项衡方以久任教职之校友而任校长及教务长，励精图治，对于校务种种多所改进。十七年春，呈奉上海市教育局核准立案，并由局转呈教育部备案，分称中学为私立澄衷中学校，小学为私立澄衷中学附属小学校，中小学

均添春季始业班（二十年一月，中小学始有春季毕业），改中学为三三制（十九年七月，始有三三制初中毕业）。十九年秋，复办高中，二十年春，学生增至一二三〇人（中学三十一级）。二十年秋，葛、项去职，励（乃骥）、施（伯侯）继任。一学期后，励、施去职，又值沪战发生，高中再度停办矣。校舍方面，民国十六年冬，改建雨中操场为澄厅，于十七年立校纪念日（二十七周）落成，以健身房兼作大会堂，约可容一千人，此殆全校校舍中之最较适用者。是年收回三福记叶宅，充作初小教室（二十一年四月初小迁入正舍）。越一年，又于澄厅侧首，添建浴室。至是而体育设备虽未尽善，亦庶乎其可矣。民国二十年，值立校三十周岁，因计划一纪念堂，以供图书馆高中教室及自然科实验室之用，名之曰"世美"，所以示叶氏父子捐赀兴学，世济其美，并取三十年为世之义，以资纪念。此堂建筑，定议于二十年之春，动工于是年之秋，至翌年夏而落成（现充初中教室及图书馆）。

▲第四时期　自三十一年二月停办高中以后，即入第四时期——可称重行整理时期。此时期之始，适当"一·二八"之后，全市学校无不受沪战影响，而学生人数于以锐减。本校亦然。不独高中停办，即初中小学，亦见紧缩：初中自九级减至六级，小学自二十级减至十四级。学生总数，自一三四五人（连高中计）减至八二七人，此在校史发展上，可谓一大顿挫！然校舍未遭损害，校费尚获维持，以较他校尤为幸事。迨是年秋季开学，初中小学各添学级，学生增至一一六一人。去年秋，小学又添一级，中小学共二十八级，学生一二六七人，与以前停办高中时相较，有过之无不及，盖已渐渐恢复矣。此时期之初，继励氏之后任者，即为今之陈校长，友孝承乏教务，则在二十一年八月。（待续）

关于假期作业的一个报告

学校所以有寒假和暑假的理由，倘使照"寒""暑""假"三个字面来讲，或者可以说严寒和酷暑的天气，不便于读书作业，因此要有一个相当的休假时期，既称休假，自然重在休息了，那末为什么还有假期作业呢？其实假期内未必天天都是严寒或酷暑（严寒或酷暑的天气实际上很少）；即使遇到严寒，因为多数学校没有相当的御寒设备，不免要妨害读书作业；遇到酷暑，不宜于多人群聚在一室内读书作业（也有人主张废止寒暑假），但是在饮食起居比较自由的家庭内，未必没有读书作业的可能。学校有寒暑假，在行政上要有一小结束，藉此考查整理，根据前一学期的训教成绩，再定后一学期的改进计划，这是很重要的。就学生说，也应当利用寒暑假，复习过去一学期的各种课业，考查自己的成绩，并且作一系统的整理，预备下学期新知识和新技能的学习。但恐多数学生，因为漫无把握，往往不能自行督促，做他们应当做的工作；多数家长，也因种种关系，未必都能督促他们的子弟，于是学校就有规定假期作业间接督促学生的必要。举它的效用来说，可以分做四点：

（一）是复习旧课的好处，这在上面已经说过，古语所谓温故知新，就是这个道理。现在学校课业繁重，即在天资较高、学习努力的学生，各科成绩，亦未必都能如何优异，有了假期作业，藉此可以督励学生作充分时间的温习（如中英文抄书、读书摘记、算学题练习等）。

（二）绘图、摄影、金石、工艺等极有趣味的作业，可以当做一种娱乐，就可以减少假期中不正当的娱乐。

（三）学生在假期内，即使不做不正当的娱乐，但是饱食终日，无所用心，消磨大好光阴，岂不可惜？有了假期作业，可以养成善用闲暇的习惯。

（四）学校课业，大都是必修的，其中有一部分，或非个个学生所能发生兴趣的。假期作业，可随个人志趣，自由选习，发挥各人的特长，如社会调查、标本采集、时事评论、科学探讨等，自寻材料，自定方法，颇足以鼓励自动的研究。

如上所述，假期作业的重要，可以想见了。本校在民国十七年二月，曾举行过一次寒假期间工作成绩展览会，成绩大都是图画，教师也参加的。同年暑假中，又规定小学生要采集动植生矿标本，成绩甚好，开学后设一陈列馆，供众阅览。可见以前对于假期作业，已经注意到了。最近二十一年度寒暑假，二十二年度寒假（就是上学期的寒假），连续三学期都有学生假期作业的规定。现在把各期办法和成绩等，制成下列三表，以作简单的报告。

第一次作业项目，除日记固定外，其余都可选做，又材料未曾指定，分量不拘多少。第二次固定项目居多，材料和分量，都经分别规定。第三次中学只有一项选做，小学全系固定，又中学国文、英文小本阅读，要在开学后考试，这是和前面两次全然不同的。又暑假期长，寒假期短，作业分量，多少不等，自不必说。

表一　作业项目及分量

第一次：二十一年度寒假

（一）日记：二十天

（二）国文：1. 读书札记；2. 时事摘要及短评；3. 习字

（三）英文：1. 短篇翻译；2. 读本或文法摘记；3. 习字

（四）算学：练习题

（五）史地：1. 社会调查；2. 图表绘制

（六）其他：1. 艺术作品；2. 理科研究

备注：

（一）必须做。（二）至（六）选做两项，每项选做一目，多做者听各项作业，初中小学均适用。

第二次：二十一年度暑假

（一）日记：六十天，包含个人工作、日常见闻、时事短评等，每日至少有一二则

（二）读书札记：须阅读文言文在五万字以上，或语体文十万字以上，摘记心得

（三）习字：大楷五百字，用九宫格；小楷三千字，用作文格

（四）艺术作品：图画、手工、金石、摄影等至少十件

（五）英文：翻译由教师指定篇节，习字就课本酌

（六）算学：由教师命题，三十问至五十问

（七）史地研究：社会调查、绘制图表等，材料自选

（八）自然研究：标本采集、实验记录等，方法自选

备注：

（一）至（四）必须做，（五）至（八）选做两项。小学高级组日记、习字、英文抄书、算题、艺术品五项；中级组日记、习字、算题、艺术品四项；低年级抄书、习字、图画三项。均规定分量。

第三次：二十二年度寒假

（一）日记：二十天，如代以每日一则之时事短评或读书心得亦可

（二）国文阅读：读物由教师指定，开学后须考试

（三）英文阅读：读物由教师指定，开学后须考试

（四）其他：算题练习、社会调查、图表绘制、标本采集、研究报告、艺术作品等各项中任择一项。

备注：

四项均必须做。小学高级组大字、英文抄书、图画或手工日记或摘记四项。中级组大字、日记、图画或手工三项。低级组写字、抄书、图画（随意）三项。

评判标准，第一次偏重量，第二次质量并重，第三次偏重质；计分方法，三次大略相同；奖励标准，每次逐渐提高。又第三次中学国文、英文阅读成绩的优劣，要和学期成绩发生关系，可见更特别重视了。

表二　评判及奖励标准

项别	评判原则	分	记分	优胜	奖励	得奖人数
第一次：二十一年度寒假	质量兼顾而量的方面尤重	以各项的一目为单位	每目记分视质的优劣和量的多少,均分为甲、乙、丙三种,甲三分,乙二分,丙一分。量质相加为每目分数,各目相加为每人总分数	初中20分以上高小16分以上	优胜的公布姓名,并酌给奖品。总分数未列优等而一目有特异成绩者亦奖	初中30人高小32人
第二次：二十一年度暑假	质量并重	即以一项为一目	同上届量之多少的等次有详细规定	初中52分以上,小学高级20分以上、中级15分以上、低级10分以上	同上届,惟一目特异者不奖	初中34人小学高级19人、中级32人、低级16人
第三次：二十二年度寒假	重质，国文、英文有考试	即以一项为一目,(其他)一项中做数目的择优计算	每目质量混合评判,有六分、五分、四分、三分、二分五等。小学低级组图画非必须,做减半计算	初中24(满分)、23、22分；小学高级同中级18(满分)、17、16分,低级15(满分)、14、13分	同上届,中学国文、英文阅读成绩优者于学期成绩加一分或二分,劣者扣一分或二分	初中19人小学高级18人、中级42人、低级18人

表三　作业成绩统计

组别	年级	交卷人数百分比			平均分数或其对满分数的百分比		
		第一次	第二次	第三次	第一次	第二次	第三次
初中组	三年级	76%	91%	100%	12.2	17.5	15.8
	二年级	92%	90%	99%	12.6	20.0	16.2
	一年级	87%	91%	86%	11.3	12.9	14.0
	合计	85%	91%	93%	12.7	16.2	15.2
小学组	六年级	82%	94%	92%	10.5	55%	61%
	五年级	77%	92%	89%	8.0	54%	70%
	四年级	—	90%	95%	—	58%	62%
	三年级	—	73%	70%	—	50%	63%
	二年级	—	72%	76%	—	59%	58%
	一年级	—	78%	90%	—	61%	57%
	合计	80%	85%	86%	10.1	—	—

　　交卷人数对于应交卷人数的百分比（新生无须交卷），中学第一次是85%，第二次是91%，第三次是93%，逐渐增高。第三次中学较高年级的四级，完全交卷，100%，但因低年级留级生多有未交卷的，导致影响于全体百分比，使它降到93%。小学第一次80%，第二次85%，第三次86%，也是显然的逐渐增高。但比中学为小，约差百分之六七，可见小学生在假期内做规定的作业，比较中学生难些。这或者是由于年龄的关系。又各年级平均分数，第一次因初中、高小作业项目全然相同，尚可比较，小学不及中学，这是当然的，但亦相差不远。三次中学分数，都是二年级最高，三年级次之，一年级最低，很可注意。第二、第三次，小学各年级满分不同，所以用平均分数对于满分的百分比，以便比较。但各年级间不见有一定显著的差异，和交卷人数的百分比一样。

　　这三次的假期作业成绩评定后，都有一个小小展览会陈列成绩，供校内同学的观摩。有日记摘记做成数册，内容极见充实的，有誊写异常整洁的，有大楷写至数千字，小楷写至数十叶的，有算学习题做至数百问的，有图表做至数十幅的，又有金石、图画、雕刻、摄影、各种玩具和工艺品等等，居然琳琅满目，美不胜收。学生制作时既有兴趣，参观时更非常注意。

我们为了要使以后学生对于假期作业的普遍化,并且逐渐成为习惯,所以在本学期修订中学操行考查规程时,就把假期作业加在里面,占了操行成绩的一小部分。不但希望学业上有所帮助,并且在修养上也做一个训练的目标。至于以后每期办法,更要常常变化,增加兴趣,评判成绩。希望在可能范围内订定精密的标准。除美术作品和其他特殊作业外,每项卷簿,要订定式样,以期整齐划一。还有一层,学校既然规定假期作业,学生家长有了依据,便可切实督促,以辅学校之不逮,并藉以养成学生做事不苟(作业不潦草塞责)和有恒(如日记必须日日做等)等等的习惯,这是本校所恳切希望的!

我所望于本校同学

今世变急矣！国难重矣！民族前途一线之曙光，即在我现代青年。青年乎！吾人应如何体念负荷之重大，国家之可爱，砥砺奋发，刻苦磨练，以无愧国民之天职，无负社会之期望！

第二次世界大战之云雾，已密布于天空，一九三六年之预言，将成事实。世界列强，正在摩拳擦掌，跃跃欲试，海军比率的竞争，空军数量的扩张，均为大战前之准备。反观我国则何如乎？匪祸未戢，天灾频仍，言国防则门户洞开，强敌可以升堂入室。言经济则工商衰落，农村尤呈崩溃之象。然此尤为物质之不如人也。至于精神方面，自士大夫以至平民，因循苟且，浪漫颓唐，泄泄沓沓，萎靡不振之风，在在可以见民族之堕落，言之实可寒心！

本校有悠久光荣之历史，同学皆比较优秀之青年，其亦念此国步之艰危，而有惕于心乎？敬揭橥十大目标，愿与我诸同学共勉之！虽不敢谓民族复兴之条件，胥在于是，要亦今日教育者与被教育者应有之努力也。

我们要有世界常识；我们要有爱国思想；

我们要有高尚人格；我们要有康健体魄；

我们要有生产能力；我们要有勤劳习惯；

我们要有纪律生活；我们要有服务道德；

我们要有互助精神；我们要有坚强毅力。

关于"伟人选举"

去年十一月，中国华美烟公司和上海市教育局合办的"中国历史上标准伟人选举"，本市中小学学生参加的很多，据说有十余万人，这是无条件的"学生选举"。另有附带条件的"普通选举"——投票要附烟盒印花等——不限于本市，各地投票的也是非常踊跃。该公司在本年一月底，把标准伟人选举人（各界名流十二人）选举结果所得的三十标准伟人名单揭晓。再隔一月，到二月二十八日，全部选举票检查完毕，把全部得奖人名单揭晓。这个选举在华美公司特设光华奖学金，是提倡国货和赞助教育；又照教育局通告所说：可以窥测学校学生的意志趋向，可以引起青年追溯前贤的嘉言懿行，用作楷模而资淬励，是很有意义的。现在对于这一方面，暂且不论。我们从数学的观点来研究这个选举里面的选举法问题，倒是一件极有趣味的事情。问题如下：二百个伟人中选出三十个伟人，作为标准伟人，共有多少法子？

假定华美公司所提出的二百个伟人一样的伟大，选举人对于这二百个伟人一样的认识，一样的敬仰，就是选举起来有一样的机会，那么这个问题，完全是数学的问题。它的解答，照代数学上组合法公式计算起来，啊唷！不好了！是一个三十六位数字的数，这样大的数恐怕自有数字以来很少发见过！自有应用问题以来更不曾遭遇过！这数的最左一位数字是四，勉强读起来，是四千万万万万万万万。这数大得不可思议。现在用下面所述的方法，可以约略得到它的概念：

倘使每一个选举法子，写在一张小纸上（就是写三十个人姓名），共写四千万万万万万万万张，叠起来，有多少厚？或者说多少距离？普通报纸，大约每一百张厚一公分，那么一万张厚一公尺，一千万张厚一公里，总数叠起来，要有四万万万万万万万公里。这个距离，还是大得不可思议（有二十九位数字）。光的速率（现今所有速率中的最大者）每秒行三十万公里，一年三千万余秒，约行十万万万公里，称为一光年；依此计算上面所说的年距离，是四千万万万光年，就是光行过这个距离，要四千万万万年。恐怕宇宙之大（据某科学家推算，宇宙半径只有五万万光年），也不能容纳这个距离！

又上面所说的小纸——记着三十个人名一百二十个字的——假定每张面积为十平方公分，那么一千张平铺起来，占一平方公尺，十万万张占一平方公里，地球面积约五万万平方公里，把上面的小纸平均铺满地面，还有八十万万万万张的厚，就是八百万万公里，不是几世纪间全世界的产纸量所能供给的了。

看了上边的说明，可以想见这个选举里面的选举法子之多，是一个何等不可思议的大数！华美公司和投票人，当时未必注意到这一点，现在看见本文，或者都要吓了一跳。

实际上每一个投票者，对于二百个候选人的认识，决不会一样的，甚至有全不熟悉的，并且对于某几个伟人，是共同敬仰的（像孙中山、孔子等），所以可能的选举法子，不会像上面所说之多。但是大家要知道，即使少算一些，当它是一百人（二百人中除去不很认识的一百个人）中选出二十五六个人（三十人中除去大家必投的四五个人），仍有二十几位数字之多，还是一个惊人的大数。所以要完全圈中标准伟人名单上三十个人的机会，少得不可思议，是一件几乎不可能的事，决不是航空奖券得头奖之难所可比拟的。

现在华美公司把得奖人名单在数报纸上露布了，我们看了以后，觉得关于选举方面，可以明白知道的事项，很少很少。从普通选举得奖人名单上"注意"栏，和学生选举得奖人名单上"注一""注二"栏，只可知道下列几项：

（1）普通选举圈中数最多的，是标准伟人二十五名；

（2）普通选举圈中标准伟人二十二名的有十七人；

（3）普通选举圈中二十五名以次至二十名，共有二百二十六人；

（4）学生选举圈中数最多的，是标准伟人二十二名，计有六人。

下列几项，是看了得奖人名单不能知道的：

（1）普通选举总票数若干？本埠若干？外埠若干？

（2）学生选举总票数若干？中学若干？小学若干？

（3）圈中二十五名、二十四名、二十三名的票数若干？（现在只知三者的和是十一人）

（4）圈中二十一名、二十名的投票数各若干？（现在只知圈中二十二名的共有二十三人，又圈中十九名以下不必问了）

（5）圈中最少的，是标准伟人几名？有没有全未圈中的？

（6）圈中最多二十五名的（恐怕至多不过三人），那五个标准伟人没有圈中？并且五个没有圈中的标准伟人，各票是否相同？（三十人中选出二十五个人的法子，也有一万四千多种，所以圈中二十五名的几个人所圈中的标准伟人，不容易相同）

（7）全体选举票（包括普通和学生）得票最多的和次多的，是那几个伟人？票数各若干？又孙中山、孔子等，是否无票不投？

（8）全体选举票中得票最少的和次少的，是那几个伟人？票数各若干？有没有完全落选，一票不曾投着的伟人？

再进一步说：标准伟人候选人名单，本分元首、圣哲、文臣、武将、文学、技艺、豪侠、近代英豪、女范等九类。

（9）每类中那一个伟人得票最多？那一个最少？票数各若干？

（10）各类互相比较，那一类总票数最多？那一类最少？票数若干？

又选举分普通和学生两种，学生又有中学小学的分别，就第七第八两项的票数说：

（11）普通和学生选举结果的比较怎样？中学生和小学生选举结果的比较又怎样？

（12）其他（圈中名数的平均数、中数、众数和平均差数等）。

以上种种，都是我们所要知道的，华美公司倘使把这宝贵的材料，分送给市教育局和几个喜欢研究的学校里，请他们加以详细的统计，求得更有价值的结果，不是一件很好的事情，可以达到测验民意的目的，并且不辜负该公司举办奖学金的热忱么？

末了，关于选举票数检查一事，还有一个估计。据华美公司称，学生选举有十余万人，不曾提到普通选举的人数，姑且当它也是十余万。两种合计，算是三十万，那么开票倒要费很大的时间。（照普通开票方法，把三十人票数一一记出，不是单看标准伟人圈中的名数。）估计如下：

每一选举票转记票数，约费一分钟，一点钟可开六十票，一人每天八点钟，可开四百八十票，算它是五百票，一月可开一万五千票，二十个月可以开毕三十万票。倘有十个人同时工作，两个月可以完毕，整理统计，还不在内。这个工作，真是非常繁重的。所以我在上面说要分请多人担任。最好是大学教育科的一班学生数十人合作，还不至过于费时，然而实际做起来，这劳苦的工作，是不容易做得很快的，恐怕至少也要费一两个月的工夫吧！（华美公司检查选举票，要比较简单得多，但在二十八天内完成，也可谓努力之极！）

注：两百人中选出三十人的组合（Ccmbination）数

$$C = \frac{200 \times 199 \times 198 \times \cdots\cdots \times 173 \times 172 \times 171 \cdots\cdots}{30 \times 29 \times 28 \times \cdots\cdots \times 3 \times 2 \times 1} = 4.0967 \times 10^{35}$$

（用对数计算）

我们该怎样纪念澄衷先生

本文和同学们见面的时候，正是本校立校第三十四周年纪念日。我们在这东北沦亡、新蒙赤化、康藏被侵、云桂见逼、外患日亟、国势日蹙的时代，在这农村破产、工商衰落、经济崩溃、教育失败、民智幼稚、民族颓废的时代，在这中国是"世界的中国"时代，在这第二次世界大战的前夜，这是我中华民族不能自强便是毁灭的时代！我们年轻人，在这时代、这时候，饮水思源，缅怀过去，该怎样的自觉，怎样的努力前进，才对得起澄衷先生？不，我们该进一步说：对得起我们的①祖国，对得起我们的父母；对得起我们自己，和一切期望我们的人们。我敢肯定地说，是"认识澄衷先生，则效澄衷先生的言行"。只有认识澄衷先生，才配纪念澄衷先生；只有则效澄衷先生的言行，才是真正纪念澄衷先生。澄衷先生魂而有知，也必含笑首肯的！我想。

澄衷先生的言行，究竟是怎样呢？

澄衷先生的言行，读本刊复载蒋维乔、陈彬龢等诸先生所撰传略，已可得到一个大概，现在让我再根据其他关于澄衷先生的记载，做一番分析的工作，把澄衷先生的言行更具体地客观地叙述出来。

澄衷先生是明耻的、勇敢的。"成忠②年十一，就佣邻里（油坊）。居三年，主妇遇之无状，成忠慨然曰：'我以母故，忍受此辱，然丈夫宁饿死沟壑！'即遂辞去。"（注一）澄衷先生那时的处境怎样呢？他是"六岁父卒，母洪太夫人守志抚孤，贫几无以自给，九岁始就傅读书，亦以贫辍业"（注二）。在这个处境中，不要说澄衷先生是十四岁的孩子，一个读书不到半年的孩子，就是一般所谓知识阶级，也只有忍辱苟安做奴才的份儿，对主子决不敢哼出半个"不"

---

① 本文与后面几篇文字中，有几处结构助词"的"沿袭上世纪二三十年代的用语习惯，用作"底"，但又不是全部，故编者按现代汉语的规范，统一改作"的"。

② 叶澄衷原名叶成忠。

字来！可是澄衷先生是明耻的、勇敢的，他不顾一切地"遂即辞去"了！古人说："士可杀，不可辱。"一般缙绅先生所要全力以赴的事，澄衷先生却以一个十四岁的孩子做到了！虽则这耻辱仅是他个人的事，但是见微知著，这件事情，却为他将来决心为中华补塞漏卮的宏愿撒下了一个小小的勾芽了！

　　澄衷先生是勤劳的、缜密的。澄衷先生离了油坊，"有乡人某，挈之至上海，荐于某茶肆为徒"（注三），"黎明则棹扁舟，往来浦江，就番舶贸有无，隆冬寒暑不稍间。归则粪除炊爨，一以身亲。如是者三年，肆主颇颓放不治事，府君思别就，而肆主又重其去，则薪其行囊以羁之，府君弃不顾，独驾一舟，仍就浦滨贸易，久之益与外人习，渐通其语言"（注四）。"间辄默察其性情好尚，而博访财计盛衰、物产蕃耗之故。久之，遂精究窾要，慨然有振揽商务之志，……远资广储，动与时会，不数年而大昌其业。"（注五）又"咸同间，士守旧学，知异国方言者，罕有人焉。沈葆桢、左宗棠设船政局于福州，与西人交征译才，强半自上海老顺记习业来者，老顺记为澄衷所经始之业。尝延西师，聚贾人子，教异国方言，可谓得风气之先者矣"（注六）。这里我们可以看到，澄衷先生一十四岁到二三十岁间的辛勤耐劳的生活，令人慷慨奋发而有为！这里我们又可以证明：假定澄衷先生不精究学业，不潜心思考，试问一个读书不到半年、年龄不满二十岁的青年，怎能够料定肆主之无成，虽经肆主的挽留，而毅然决然地弃之他去，到后来"大昌其业"呢？怎能够不断地努力学习，精通外国人的语言呢？怎能够"精究""财计盛衰""物产蕃耗"的"窾要"呢？怎能够当时的译才"强半自老顺记习业来者"呢？

　　澄衷先生是康乐的、诚实的。我们知道，澄衷先生是六岁丧父，备极穷困，而卒昌其业的；我们知道，澄衷先生是辛勤作苦的，据我的估计，他每天至少要工作十几小时；我们知道，澄衷先生是"卒年六十"的。请想：在这样一个迍遭困踬的环境中，如果澄衷先生不保重身体，不讲求卫生，不遇事乐观、按部就班地克服困难，而终日愁眉苦脸地手足无措，他能够活到六十岁吗？他能够"大昌其业"吗？所以我相信澄衷先生是康乐的。关于他的诚实，让我引一段轶事吧！"方其（指澄衷先生）操舟于黄浦江时，有西人某，乘其舟渡。既渡，遗一巨箧，箧中皆重物，成忠守之竟日弗去。猝见某遑遽而至，额汗涔涔然，成忠举其箧畀之。"（注七）我们记得心理学上有一个名词，叫做"二重人格",就是说一个人在众人之前,是一重人格;在无人之时,又是一重人格。普通人都是在"十目所视,十手所指"之下,是君子,是奉公的,是守法的;到了无人之时,还不是言行不顾地无所不为吗?!何况那巨箧是某西人自己遗失在澄衷先生船上的,何况箧中皆重物,普通人早已取之他去了,怎肯"守之竟日弗去",俾物归原主呢?惟澄衷先生有这种诚实的德性,所以才能够成大事!

澄衷先生是爱国的、有创造能力的。澄衷先生在浦滨贸易的时候,"了解了这麇集浦江中的船舶,便都是侵略中国的利器,使他立下了补塞漏卮,挽回利权的伟大的志愿"(注八)。他认定只有振兴工业,才能抵制外国产品的侵入;也只有振兴工业,才能从事商业上的竞争。于是,他便在上海、汉口创办火柴工厂和缫丝工厂(注九)。又"晋豫燕鲁诸省,暨苏之淮、徐,浙之新昌、嵊县,先后告饥,靡不输财助赈"(注十);"奉有饥,首出巨金赴赈"(注十一);"殁时犹以未及见学堂落成为憾"(注十二)。这都是澄衷先生爱国爱民的具体表示。我们已经知道澄衷先生早年的困苦艰难和颠沛流离,他如果没有创造能力,怎能够克服环境,由白手而"所业日强大,南贩北贾,货别隧分,初止一肆,以次开扉,凡西人通商所在,无不有君之分肆,而君固已拥资亿万"呢?(注十三)

澄衷先生是善于生产的、互助的。生产可以有广狭二义:狭义的生产,指一个人或劳心或劳力,以得到金钱上的酬报之谓;广义的生产,如量才使用,如善用金钱,如节约金钱,把节约下来的钱,投资于工商业,使它再生产等都是。澄衷先生平日是"节饮食,忍嗜欲,与佣仆同苦乐,又能择人而任时,……故肆业日益远大"(注十四)。后"既饶于资财,自奉一若平素,绝无豪富气象"(注十五)。又澄衷先生"以设肆既多,各执事身后往往有孤苦无告者,特倡捐二万金,建怀德堂,时存问其家属,俾免饥寒"(注十六)。病亟时,遗嘱他的子孙说:"吾昔日受惠者,各号友竭诚助吾成事者,汝曹皆当厚待勿替,以继吾志"!(注十七)又"储金三万,为忠孝堂义庄,以周其族党之贫乏,复设义塾牛痘局,以育族子弟"(注十八)。这都是澄衷先生善于生产互助的铁一般的证据。

够了,上面我已经把澄衷先的言行,唠唠叨叨地说了一大堆,其实澄衷先生的言行,决不是这样可以概括的,这里所说的,不过是十之一,百之一,乃至于千之一罢了！然则我们怎样才能认识澄衷先生的全体，则效澄衷先生的一生呢？这个，我们只好说"举一反三，在乎读者；神而明之，存乎其人"了！

在这中国是"世界的中国"时代，在这第二次世界大战的前夜，这是我中华民族不能自强便是毁灭的时代。在本校立校第三十四周年的时候，我们该怎样纪念澄衷先生呢？我们只有认识澄衷先生，才配纪念澄衷先生，则效澄衷先生的言行，努力！奋斗！！救中国！！！才是真正纪念澄衷先生！最后，我再郑重重复地这样地说。

（注一、十四、十五）见辜汤生《镇海叶君传》

（注二、五、十八）见孙诒让《镇海叶君家传》

（注三、七、十二）见蒋维乔《叶成忠传略》

（注四、十六、十七）见《叶公澄衷行状》

（注六、十）见朱宝莹《镇海叶成忠事略》

（注八、九）见陈彬龢《叶澄衷先生传》

（注十一）见《故校主叶成忠事略》

（注十三）见俞樾《叶君墓志铭》

二十三年度之本校概况

本校向分中小学两部,而以小学附属于中学。上年度第二学期之始,遵照教育部令,小学用专有名称,去"附属"名义,改称为"私立澄衷小学校",呈奉上海市教育局核准备案。从此对外为两校,而事实上除组织及教训两部,中小学以性质不同而各异外,余如校舍校具、经济支配及办事联络,则仍如一校也。是以下列中小学概况虽系分述,但其相同之处,则谨记于中学之部,小学之部,不复赘焉。祈阅者鉴之!

一、中学之部

(一)沿革

先校主镇海叶公澄衷,于前清光绪二十五年九月立志兴学,捐上海县北乡虹口塘山路基地二十九亩,并规银十万两,建筑校舍,延请所开各号经理樊棻等人为校董,经理一切。同年十月初三日,校主逝世,遗命校董对于校事须规画久远。二十六年五月,兴工建筑校舍。十二月,校主长子叶贻鉴,续捐本校经费规银十万两。二十七年正月,校舍落成,计正舍三十幢,旁舍十五幢,雨中操场一所,定名为"澄衷蒙学堂",设寻常小学与高等小学,聘武进刘树屏为总理,主持校务。五月,刘总理事假,聘山阴蔡元培代理一月。八月,聘宁海章梫为总教,主察课事。九月,聘通州白作霖为副总教,主编纂事。二十八年五月,校主诸公子叶贻剑与弟贻璋、贻铨、贻锜、贻镛、贻钰及侄谋禔、谋祥、谋祺合捐本校经费规银十万两。二十九年正月,添办中学,并增商科及师范科。二月,聘慈溪杨敏曾为副总教。四月,总理刘树屏去职,校董会举总教章梫为总理,副总教白作霖为总教。五月,改总理为掌教,是夏废师范及商科。三十年正月,改寻常小学为初等小学,规定毕业年限,初等五年,高等三年,中学四年。三十一年正月,掌教章梫去职,校董会举总教白作霖为掌教,副总教杨敏曾为总教。二月,江苏巡抚陆元鼎为本校奏请立案。冬,总教杨敏曾去职。三十二年春,建造大自鸣钟一座,并钟楼五幢,与原建之旁舍相连。七月,聘常熟蒋元庆为总教。三十三年正月,掌教白作霖去职,改掌教为监督,以总教蒋元庆为监督。改定毕业年限,初等小学四年,高等小学四年,中学五年。七月,聘元和陶恩章、昆山余葵卿为总教。冬,中学因事停办,监督蒋元庆,总教陶恩章、余葵卿同去职。三十四年正月,裁撤总教,聘武进谢观为校长,主持教务,按照奏定章程,专办高、初两等小学,不设宿舍。宣统三年二月,辟校西余地为学校园。民国元年正月,遵照新章,改名称为"私立澄衷初高等小学校"。校长谢观去职,聘上虞曹慕管为校长,慈溪葛祖兰为教务长。二年二月,重设中学。十一月,就该西校园隙地,添造校舍十余幢,楼上为宿舍,楼下为中学教室。三年九月,新建中学校舍、厨房、膳厅落成,改行秋季始业。十一月,校董会详江苏巡按使齐转呈教育部立案。四年一月,教育部准予立案。九年秋,又添设甲种商科。十年四月,校主铜像开幕。十二年秋,小学、中学、商科均改行四二制。十五年夏,旧中甲商毕业完了。秋添办高中及专修科。十六年夏,废止专修科,校长曹慕管去职,聘教务长葛祖兰为校长,嘉定项衡方为教务长,停办高中。八月,厨房及校役宿舍扩大建筑完工。十月,呈请上海市教育局立案。十二月,改造雨中操场为澄厅,翌年二月落成,以作室内运动及集会场所。十七年春,迁初小教室于校前三福记叶宅内。二月,奉上海市教育局训令,准予立案,分称中学为"私立澄衷中学校",小学为"私立澄衷中学附属小学校",中小学均添春季始业班,改中学为三三制。十九年夏,商科毕业完了,亦遂废止。秋又添设高中。二十年三月,呈由上海市教育局转呈教育部备案。七月,奉上海市教育局训令,据奉教育部指令准予备案。同月,校长葛祖兰、教务长项衡方同去职,聘象山励乃骥为校长,萧山施伯侯为教务长。八月,依照葛前校长计划,就怀德堂前操场余地,建筑三层楼四幢,翌年秋落成,名"世美堂"。二十一年春,校长励乃骥、教务长施伯侯同去职,停办高中,聘吴县陈彬龢为校长兼教务长,取消三福记叶宅之初小教室,移入原建之正校舍内。秋八月,聘昆山吴友孝为教务长,以世美堂楼上为初中教室,移图书馆于楼下,而以旧中学教室为高小教室。二十三年二月,遵照教育部令,小学用固有名称,去"附属"名义,称为"私立澄衷小学校",校长由中学校长兼任。八月，校长陈彬龢去职，聘教务长吴友孝为校长，奉化王显廷为教务长。此本校创办迄今三十四年沿革之大略也。

(二) 行政组织

本校暂办初级中学，校长、教务长均由校董会聘任，校长统辖全校事宜，教务长襄助之。行政系统分教务、训育、体育、事务、经济五部。部各设主任一人，部员若干人。又教务部设图书馆主任一人，掌全校图书馆事宜；各学级设级任一人，襄助训育主任处理各该学级训育事宜。此外又有各项会议及委员会等。兹将组织系统表列下：

中学组织系统表

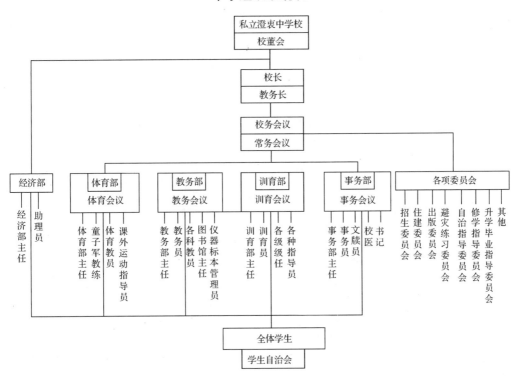

本校内部组织之旨趣：重注事务分掌及会议公开两点，故各部之责任务期分担，而全校之精神力求统一，盖欲以分工之方法，达共治之目的也。

(三) 校地校舍及设备

校地二十九亩，现所用者，约十之六，其余十之四，为养正里三福记等出租之屋。校舍计办公室六间、应接室二间、普通教室八间、特别教室七间、标本室一间、仪器室一间、体育器械室二间、教职员寝室十四间、学生寝室十八间、图书馆六间、健身房一间（兼大会堂用）、大讲堂一间、会议室一间、膳厅二间、校医室一间、调养室一间、浴室四间、盥洗室一间、学生自治会办公室一间、学生自治会游艺室一间、其他三十二间，共一百十三间（专供小学用者五十余间在外），差可敷用。又学校园及运动场各二方，均嫌太小。

现有校具共计七千余件（连小学），理化仪器药品一千六百余件、生物用具标本模型七百余种、理化生物挂图二百余幅、体育用具一千余件、劳作用具三百余件、中西书籍四万千余册，目前尚敷应用。此外另有打字机二十架，又理化实习亦正在筹备中。

（四）经费

本校经费，就最近两年言，每学期由校董会津贴约一万五千余元，全年约三万余元。兹将本学期（二十三年度第二学期）收支概算，列表如下（中小学合计）：

1. 收入之部

项目	概算数	百分比
学费	14200 元	33.09
宿费	2040	4.76
膳费	7080	16.45
杂费	2785	6.53
杂收入	450	1.05
校董会津贴	16355	38.11
共计	41910	100.00

2. 支出之部

项目	概算数	百分比
俸给	28170 元	66.11
办公费	2940	6.89
膳食	8400	19.55
设备	1200	2.79
杂支	2000	4.66
共计	42910	100.00

注：体育费、图书费独立，均未列入。

（五）教学概况

1. 学级编制

本校有春秋季始业各学级，升降以学期为单位，可不受年之限制。现有八级（秋一、秋二双轨，余均为单轨），学生三百一十三人，教职员三十人（职员七，教职员十八，职员兼教员五），各级人数、籍贯、年龄及家长职业统计表列如下：

各级人数、年龄、籍贯及家长职业统计

年级			秋中三	春中三	秋中二甲	秋中二乙	春中二	秋中一甲	秋中一乙	春中一	总计
各级人数			38	33	33	31	47	42	39	50	313
年龄	最大		19.1	17.8	18.2	18.1	16.1	16.5	15.1	16.1	19.1
	最小		13.11	13.2	12.9	11.1	12.5	12.5	11.2	11.1	11.1
	平均		16.5	15.4	15.3	15.4	15.0	14.3	14.2	14.4	14.11
籍贯	上海市	人数	3	3	5	2	4	1	3	8	29
		百分比	7.9	9.1	15.15	6.5	8.5	2.4	7.7	16.0	9.26
	江苏	人数	8	5	5	5		9	3	7	42
		百分比	21	15.15	15.15	16.2		21.4	7.7	14.0	13.42
	浙江	人数	24	25	22	18	36	30	32	30	217
		百分比	63.2	75.75	66.7	58.1	76.6	71.4	82.0	60.0	69.33
	安徽	人数				1	5			1	7
		百分比				3.0	10.64			2.0	2.23
	江西	人数				1				1	2
		百分比				3.2				2.0	0.64
	湖北	人数								1	1
		百分比								2.0	0.32
	湖南	人数					1				1
		百分比					2.13				0.32
	河北	人数				1					1
		百分比				3.2					0.32
	河南	人数				1	1			1	3
		百分比				3.2	2.4			2.0	0.96

续表

	年级		秋中三	春中三	秋中二甲	秋中二乙	春中二	秋中一甲	秋中一乙	春中一	总计
家长职业	广东	人数	2			3	1	1	1	1	9
		百分比	5.3			9.7	2.13	2.4	2.6	2.0	2.88
	广西	人数	1								1
		百分比	2.6								0.32
	农业	人数			1				1		2
		百分比			3.0				2.0		0.64
	工业	人数	1	3		2		3	2	3	14
		百分比	2.6	9.1		6.5		7.14	5.12	6.0	4.47
	商业	人数	33	26	30	26	42	33	34	41	265
		百分比	87.0	78.8	91.0	83.9	89.36	78.57	87.16	82.0	84.67
	教育	人数		4	2	1		3	2		12
		百分比		12.1	6.0	3.2		7.14	5.12		3.83
	政法	人数	1			1	1			3	6
		百分比	2.6			3.2	2.13			6.0	1.92
	军警	人数					1	1			2
		百分比					2.13	2.4			0.64
	交通	人数					2	1			3
		百分比					4.76	2.6			0.96
	医师	人数	3			1	2			1	7
		百分比	7.8			3.2	4.25			2.0	2.23
	工程师	人数					1			1	2
		百分比					2.13			2.0	0.64

2. 课程

本校课程，除秋三一级仍行学分制外，春三以下各级皆遵照新课程标准教学，各学期学科一律固定。惟以学生家族职业百分之八十以上习商业，毕业生之就业者亦大半习商，以职业科商业常识珠算、簿记、打字等，列入课程中，以适应此种需要。

各科教学时间表如下：

初中各科教学时间表

学年		科目																		
		公民	体育	童子军	卫生	国文	英语	算学	自然				历史	地理	劳作	图画	音乐	商业常识	珠算	簿记	打字	共计
									植物	动物	化学	物理										
第一学年	上	2(2)	2(3)	1	1(1)	7(6)	6(5)	4(4)	2(2)	2(2)			2(2)	2(2)	2(2)	2(2)	1(2)					36(35)
	下	2(2)	2(3)	1	1(1)	7(6)	6(5)	4(4)	2(2)	2(2)			2(2)	2(2)	2(2)	2(2)	1(2)					36(35)
第二学年	上	2(2)	2(3)	1	1(1)	7(6)	6(5)	5(5)			3(4)		2(2)	2(2)	2(2)	2(2)	1(1)					36(35)
	下	2(2)	2(3)	1	1(1)	7(6)	6(5)	5(5)			3(3)		2(2)	2(2)	2(2)	2(2)	1(1)					36(34)
第三学年	上	1(1)	2(3)	1	1(1)	6(6)	6( )	5(5)				4(4)	2(2)	2(2)	2(4)	-(1)	-(1)	1	2	2		36(35)
	下	1(1)	2(3)	1	1(1)	6(6)	6(5)	5(5)				4(3)	2(2)	2(2)	2(4)	-(1)	-(1)	1		2	2	36(34)

说明：括弧内系部定标准时数。

3. 成绩考查

本校学生学业成绩考查，向主严格，平时考查与定期试验并重。考查办法分：（1）平时考查，由教师依学科性质，随时就问答、演习、笔记、课卷或制作品等，评定记分。（2）分期试验，每学期举行两次，分期之划分，由教务部于学期开始时订定之。（以上两种成绩合并平均，为日常成绩）（3）学期试验，于学期终了时举行之。（4）毕业试验，于第六学期终了时举行之。

各学科学期成绩计算法：两分期分数与学期试验分数各占三分之一。

缺课扣分计算法：凡学生于一学期内，对于某学科缺席时数，每满该学科一周教学时数者，扣该学科学期分数一分，未满者不扣。又学生缺课时数逾该学科全学期教学时数三分之一者，不得参与该学科学期试验，作为无成绩论。（不请假而缺课者，一小时作二小时论）至各学生升留标准，全依部颁中学规程办理，即无学期成绩或成绩不及格之各科在三科以上之学生，或仅二科无学期成绩或不及格，但其科目为国文、英语、算学、劳作四科中之任何二科者，均须留级。如不及格学科未超过此项规定者，仍得随原学级附读，一面设法补习各该科目，经补考及格后，准予正式进级，如仍不及格，应于次学年仍留原年级肄业。又操行或体育不及格者，不得升级或毕业。

4. 学科竞赛会

本校为鼓励学生作业兴趣起见，每学期必举行学科竞赛一种或数种，如算学竞赛、作文竞赛、英语竞赛、书法竞赛、自然竞赛及各种测验等，成绩优异者,给予奖状或奖品。本学期决举行者,有算学竞赛、书法竞赛、国文测验、英文默书及背诵竞赛四种。

又本校迩来对于假期作业极为注意,已连续举行五学期,尚有相当成绩,其报告已载本校月刊,兹不赘。

(六)训育概况

1. 训育原则

秉承总理遗教,陶冶青年忠孝、仁爱、信义和和平之国民道德,注重人格感化,并励行团体训练,以养成健全的公民。

2. 训育目标

(1)养成雪耻御侮的决心;

(2)养成勇敢奋斗的精神;

(3)养成刻苦耐劳的习惯;

(4)养成审慎周密的思考;

(5)养成强健刚毅的身心;

(6)养成自治自律的能力;

(7)养成爱国爱群的观念;

(8)养成优美高尚的情绪;

(9)养成生产合作的知能;

(10)养成服劳社会的志趣。

3. 训育实施方法

(1)团体及个别训话。团体训话,由校长、教务长、训育主任行之。关于一级者,由级任教师召集训话。其他有偶发事项,随时由训育部职员施以个别训话。又时请外校名人作学术上及修养上之演讲,以资策励。

(2)团体活动指导。学生团体活动有课外活动、演说竞赛、各级壁报、卫生运动、各种研究会及球类锦标比赛等(不属于学生自治会事业者),均由职教员各就所长,分任指导(各级级会由级任教师指导)。

(3)自治组织指导。本校学生自治会以原有组织缺点甚多,业于本学期起,改为如下之组织:于全体大会及执行委员会下,设常务委员会,为平日最高执行机关,下分总务、学艺、出版、义教及健康五委员会(常务委员会即由上列五委员会主席组织之,又总务委员即系各级级长)。均由自治指导委员会委员分任指导,以专责成。其中义务委员会办有义务夜校一所,收纳附近贫苦学生,授以初小教科,计分四级,学生约一百余人,处理校务,井然不紊,历届均有相当成绩,此自治会最重要事业也。

(4)每日训练事项。

① 朝操。每日(除星期一外)上午早餐前举行早操十五分钟,无论通学生寄宿生,一律参加,由训育部职员点名,考查勤惰。星期六并举行升校旗典礼,唱校歌,以养成其爱校观念。

② 整齐。学生在校,除严寒时期外,一律须穿制服,以养成其严肃之精神。

③ 清洁。宿舍及教室公共清洁,逐日由训育部检查。个人清洁,亦随时抽查。

④ 服务。宿舍及教室值日生服务勤惰,由训育部逐日检查。

⑤ 自修。课后及夜间自修,由训育部职员及各级级任轮值指导。

⑥ 请假。学生请假,无论课内课外因事因病及外宿与否,其手续均有严格之规定,绝无托故外出及无故出席者。

(5)学生操行标准。

① 明耻——发奋自强,决心御侮;

② 尊重——遵守纪律,敬爱师友;

③ 忠诚——真诚待人,效忠国家;

④ 康乐——身心健全,遇事乐观;

⑤ 勇敢——不畏艰难,牺牲奋斗;

⑥ 缜密——精究学业,潜心思考;

⑦ 生产——刻苦勤劳,崇尚节俭;

⑧ 审美——欣赏艺术,爱好自然。

(6)操行考查方法。考查操行成绩,根据二方面:

① 训育部平日各项统计。(分:纪念周及其他团体集会出席统计,朝操出席统计,课外运动出席统计,课外作业统计四项)

② 教职员评判统计。关于教职员评判事项,由训育部于学期结束前二周,

依据上列标准制定评判表,分发各教职员一一评判。然后收集统计,与平日各项统计相合(二者各占一半),提交训育会议决定等第,其特别优劣者,予以奖惩。

(7)奖励及惩戒。

① 应行奖励之标准如下:

学业优良者——学科成绩有五分之四列入甲等,其余在丙等以上,而总平均亦列甲等者;

操行优良者——操行成绩列入甲等,并经训育会议特别提出者;

体育优良者——体格健全,体育成绩列入甲等,并经体育会议特别提出者;

连续两学期不缺席者——依据出席统计,包括朝操纪念周及各种仪式;

不在上列各项之内,而有奖励之必要者。(经常务会议或训育会议特别提出者)

② 奖励分下列八种:奖语,奖状,奖旗,奖章,奖书籍文具,记功,留影题名,特待(免学费)。

③ 应行惩戒之标准如下:

违犯校章者;

违犯各项种规则者;

违犯临时校令者;

其他有显著之恶劣行为者。

④ 惩戒分下列八种:训诫,警告,留置,剥夺权利,记过,取消免费——此限于免费生犯规者,停学—不犯校规而患传染病者亦得令其退学,除名。

(七)体育概况(附童子军概况)

1. 体育目标

(1)平均发育身体各部,养成优美正确之姿势;

(2)增进全身康健,养成卫生生活之习惯;

(3)发展个性,养成生活上所需要之运动技能;

(4)注重团体运动,养成遵守纪律、崇尚仁侠之德性。

(5)童子军目标—遵中央公布中国童子军总章之规定。

2. 编制

学生以一级为一队,设级队长一人,级队视人数多寡分为数小队,每小队设小队长一人，各级第一小队长即兼级队长，合若干级队为一校队，校队设正副队长各一人，由小队长公举之。课外运动各组均设组长一人，选手队每队设队长、干事各一人，均协助体育教师及课外指导员处理体育事宜。又童子军遵照中央规定，分为初、中、高三级。

3．课程

（1）朝操每星期五次，每次十五分钟，教材为高级八段锦、徒手操、各种大队游戏及替换跑等。

（2）普通体操每星期每级二小时，教材纲目如下：

① 基本动作教练；② 步法；③ 操法；④ 自试的活动；⑤ 韵律的活动；⑥ 自卫的技能；⑦ 游戏活动。

（3）童子军课程悉遵中央规定办理。

4．课外运动

暂分星球、篮球、田径赛、器械操及长跑五组。为提高学生兴趣起见，每种均组织级际比赛及各小队比赛，每学期规定日期，依次举行。

选手运动，分球类各队及田径赛队，选拔运动成绩最优者组织之，备与他校比赛，期运动成绩之进步。各种比赛优胜者，由校分别给予奖品，以资鼓励。

5．运动标准

本校各项运动，均规定标准，按照各人能力所及，促其进步，如成绩不及最低限度满十五项，或平均成绩不及格者，遵照部颁规程，不得升级或毕业。

6．成绩考查

本校体育总成绩以甲乙两类合成。甲类为体育分数，占百分之六十。（内分：① 体操分数，占总成绩百分之十八；② 田径赛运动分数，占总成绩百分之二十四；③ 体格分数，占总成绩百分之九；④ 运动品性，占总成绩百分之九。）乙类为童子军分数，占百分之四十。考查极严。

7．体格检查

每学期会同校医举行体格检查一或二次，藉明学生身体发育之状况，为体育教学之标准。并以检查结果通知学生家属，其有缺点及疾病者，即设法治疗补救之。

二、小学之部

（一）行政组织

本校因中小学性质不同，组织于以各异。兹列小学组织系统表如下：

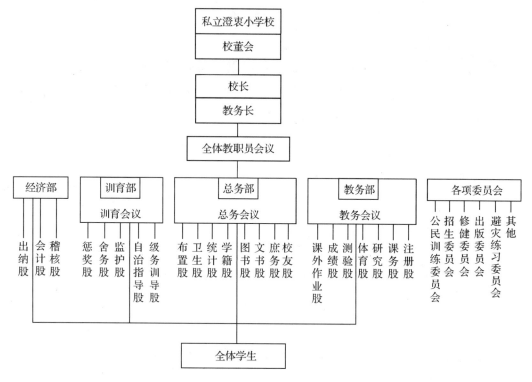

小学组织系统表

（二）学教概况

1. 学级编制及学生数

本校各级均有秋始及春始学级，升级以学期为单位，俾因事或因病留级者，不致损失太多之时间与经济。现有高小八级，初小十一级，共计学生九百九十六人，教职员三十九人。各级人数、年龄、籍贯、保护人、职业统计分别列表如下：

各级学生数及年龄统计

年级		高小						初小										
		六				五			四			三			二		一	
		秋六甲	秋六乙	春六甲	春六乙	秋五甲	秋五乙	秋五丙	秋五乙	秋四甲	秋四乙	春四	秋三甲	秋三乙	春三	秋二甲	秋二乙	春二	秋一甲	秋一乙	春一	总计
各级人数		45	47	49	49	48	49	25	51	46	48	54	50	48	55	53	53	53	46	50	50	996
年龄	最大	15.2	15.9	15.10	15.4	15.2	15.8	16.2	14.9	14.11	13.1	13.4	13.6	13.1	11.9	10.10	10.9	10.2	9.2	9.2	9.0	16.2
	最小	11.3	11.4	10.6	10.2	10.2	10.1	9.6	8.11	8.3	8.3	8.8	6.1	7.10	6.11	6.7	7.2	6.1	5.8	5.9	4.8	4.8
	平均	13.9	13.8	12.11	13.4	12.7	13.0	11.10	12.2	11.8	11.6	1.0	9.10	10.0	8.6	8.8	8.10	8.2	7.8	7.8	6.5	10.8

学生籍贯统计表

区别	人数	百分比
浙江	790	79.32
江苏	94	9.44
上海市	62	6.22
广东	22	2.22
湖北	8	0.80
安徽	6	0.60
湖南	4	0.40
山东	3	0.30
福建	2	0.20
江西	1	0.10
四川	1	0.10
广西	1	0.10
云南	1	0.10
辽宁	1	0.10
共计	996	100.00

学生保护人职业统计

区别	人数	百分比
商业	761	76.40
工业	101	10.14
交通	50	5.02
教育	26	2.62

续表

区别	人数	百分比（%）
医师	15	1.51
政法	15	1.51
军警	3	0.30
农业	1	0.10
家居	8	0.80
其他	16	1.61
共计	996	100.00

3. 教学材料与方法

各科教材，除劳作、美术、体育、音乐等科外，均采用坊间出版之教科书本；遇必要时，由教师自编补充教材以供应用。凡本学期所用之各科书本，于前一学期终教务会议中决定之，言乎教学方法，则高、中级采用自学辅导法，务使儿童具有自学能力，能运用工具，自行获得知识技能。教学低级儿童则力求兴趣化，务使儿童乐于学习，所谓寓教学于游戏之中是也。

各级每周各科教学时间分量表

科目	低年级		中年级		高年级
	一年级	二年级	三年级	四年级	五六年级
公训	60（部60）（局60）	60（部60）（局60）	60（部60）（局60）	60（部60）（局60）	60（部60）（局60）
卫生	60（部60）（局60）	60（部60）（局60）	60（部60）（局60）	60（部60）（局60）	60（部60）（局60）
体育	120（部150）（局150）	120（部150）（局150）	120（部150）（局120）	120（部150）（局150）	90（部180）（局120）
国语	450（部390）（局360）	450（部390）（局367）	450（部390）（局360）	450（部390）（局360）	450（部390）（局360）
社会	90（部90）（局90）	90（部90）（局90）	90（部120）（局120）	90（部120）（局120）	100（部120）（局150）
自然	90（部90）（局90）	90（部90）（局90）	120（部120）（局120）	120（部120）（局120）	120（部150）（局150）
算术	150（部60）（局60）	150（部150）（局150）	210（部180）（局210）	210（部240）（局210）	210（部210）（局210）
劳作	60（部90）（局90）	60（部90）（局90）	90（部120）（局120）	90（部240）（局210）	90（部150）（局150）

续表

科目	低年级		中年级		高年级
	一年级	二年级	三年级	四年级	五六年级
美术	60（部90）（局90）	90（部90）（局90）	60（部90）（局90）	60（部90）（局90）	60（部90）（局90）
音乐	90（部90）（局90）	90（部90）（局90）	90（部90）（局90）	60（部90）（局90）	60（部90）（局90）
英文					180（局150）
共计	1230（部1170）（局1140）	1230（部120）（局120）	1350（部1380）（局1350）	1350（部1440）（局1350）	1560（部1560）（局1590）

说明：（部）系教育部新标准，（局）系上海市教育局修订标准。

4. 成绩考查

各科成绩考查除平时听讲笔记、口头答问、制作图形等记有积分外，每学期举行分期试验三次，命题方法曾由教务会议中商定之，大抵为判断选择正误、填空、表解、答问等等，以多多应用各种方法为原则。成绩记载以百分为满分，平时积分即纳入分期试验成绩中平均之。兹将根据每周各科教学之时间分量所制定之计分百分比率表附录于下：

小学各科成绩计分百分比（二十三年六月）

组别	科目														
	公民训练	常识				国语			算术		英语	艺术		音乐	体育	合计
		社会			自然	读法	作文	书法	笔算	珠算		劳作	美术			
		卫生	历史	地理												
低年组		20.5				31	7.5	13				10		18		100
中年组	4.5	7			9.5	23	4.5	7	12	4.5		7	4.5	7	9.5	100
高年组	4	12			8	19	6	4	10		13	6	4	4	6	100

（三）训育概况

1. 训育目标

（1）养成整洁卫生的习惯；

（2）养成快乐活泼的精神；

（3）养成礼义廉耻的观念；

（4）养成亲爱精诚的德性；

（5）养成节俭劳动的习惯；

（6）养成生产合作的智能；

（7）养成奉公守法的能力；

（8）养成爱国爱群的思想；

2. 实施方法

（1）儿童自治——澄衷市组织系统如下：

澄衷市组织系统表

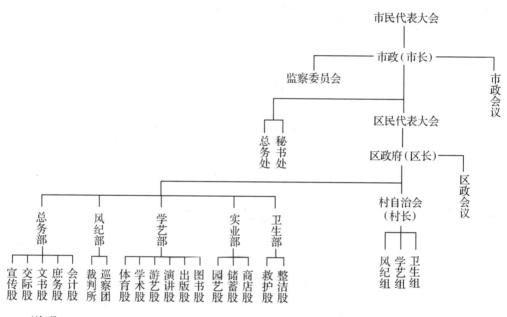

说明：

① 本市行政区域分：第一区，高级小学所在地一带；第二区，初级小学所在地一带。

② 本市之组织，以村为单位，按市民能力，自二年级起，每级组一村自治会。设村长二人，由村民选举之；委员干事若干人，由村长委任之。

③ 区政府由所辖各部（上列五部）村联合而成，区政会议委员；即以各部部长、各村村长充任之。（每月开常会一次）区长二人，由区民代表大会由各村于每五人中选出一人选举之；各部正副部长均由区长委任，呈报市政府备案；各股设干事若干人，由部长委任，呈报区市政府备案。

④ 市政府由各区处（秘书总务）联合而成。市政会议委员即由区部处领袖充任之。（每月开常会一次）市长二人由市民代表大会（由各村于每十人中选出一人）

选举之；处长由市长委任之；处长下设助理干事若干人，由处长委任之。

⑤ 本市最高机关为市民代表大会，每半年开会一次。监察委员会委员三人，即由市会选出。

⑥ 经费来源：市税；学校补助金；其他。

⑦ 本市指导机关，为训育部自治指导会。（详见澄衷市五周纪念刊）

（2）环境布置。儿童一进校门，自朝至暮，都于学校内生活，故校中环境之布置，甚为重要，布置分：

① 永久的，礼堂公约、修养标语、靠左走等；

② 临时的，如种痘、防疫、标语等。

（3）团体训练。

① 常会，纪念周、周会、级会等；

② 临时会，演讲会、辩论会、娱乐会、送别会等。

（4）个别训练。

① 个别谈话；

② 解决偶发事项；

③ 其他。

（5）家庭联络。儿童最先之经验，得自家庭，所以需联络家庭以作指导儿童的根据。其方法如下：

① 调查儿童家庭状况。

② 访问。

③ 通信。

a. 信报告儿童在校的品性及行为。

b. 通知家长关于学校方面的特种事项如种牛痘等。

④ 恳亲游艺。

a. 每学期一次；

b. 与家长谈话；

c. 展览成绩；

d. 邀请家长参观成绩；

e. 娱乐如歌舞表演等，供家族欣赏及批评。

⑤ 运动会。

⑥其他。

（6）操行考查。操行考查方法甚多，大约可分以下数种：

①儿童自己反省（每月反省一次）；

②教师平日之观察；

③儿童过失表之记载；

④风纪员之记录报告。

根据以上种种，在每学期中统计各该儿童操行之等第，分别揭示并报告于家庭，操行等第分优、上、中、下、劣五等。

（7）惩奖。

同中学。

上述本校沿革、组织、经费及各部概况等既竟，请一述本校之特点与将来之计划。所谓特点，厥有四端：

1. 体育部地位之提高

本校中学体育部向隶教务部。后鉴徒于有高深之学问、优美之人格，而无强健之体魄，则不能成为健全的公民。故本校对于体育一项，破除一般崇尚选手的习惯，而致力于全体学生之普遍及严格训练，以期收强国强种之效。自教部"新课程标准"颁布后，本校即将体育部由教务部划出，与教务、训育等部并列，以符三育并重之义。

2. 教员代课之统制

本校教员因故请假，必先通知教务部，由教务部设法请其他教员代课。被请之教员，苟非时间冲突，绝无不允者，故一学期间缺课代课时数之统计，两方殆适相等，教员既无课务之旷废，学生自少学业之损失。

3. 经济部之独立

本校经济部系独立组织，部员由校董会直接聘任，专司出纳、会计事宜，账簿用新式组织，每学期收支决算由校董会请会计师审查。

4. 体育费与图书费之独立

本校体育费与图书费向与其他支出通盘支配，自二十一年度第一学期经校务会议决议，将上列两款另行提出，由体育部与图书馆独立支配，俾得尽量充实该部馆之内容，而利学生云。

至将来计划之可得而言者亦有四端：

1. 充实各科设备

本校各科设备，虽不能谓简陋，然去理想标准尚远。特如劳作及自然两科，教室既不甚适用，教具亦颇感缺乏。而自然科之实习设备，几经筹划，迄未实现（现仅在教室中择简单易行者，分组轮流实习，殊苦未易普遍）。拟自下年度起，扩大劳作教室，添购木工、金工用具；旧有自然科教室，除去阶级，易置长桌，可兼供听讲及实习之用；仪器标本及药品，期于两年内按照部颁标准陆续备齐。其他各科之设备，亦须有相当之充实。

2. 扩充学级

现在中学秋三只有一级，本年暑假毕业，下学期须添新生两级，从此秋始各学级，均有甲乙二组，成为秋始双轨春始单轨制。以后即依此规定，永为九级，可无忽多忽少之弊，经费亦可确定。又小学中、低年级，春季始业均只一级，下年度拟每学期增添二级，一年后，春秋始均为双轨。惟以初中一年级学额有限，毕业生除成绩较优者得径升本校外，其余须经入学试验，与外来考生同样办理。

3. 改建校舍

本校校舍，大半建筑于三十年前，不尽适用，间有一部已渐破损，每年修理，所费亦巨。且中小学学级扩充，教室已不敷用，其他各室，亦不能适应种种需要（例如缺少大办公室及适当厕所等）。选地重建，既不可能，扩充校址，又少希望，惟有一部旧屋（如大同、康乐、博爱、平等诸路之屋拆除，改建三层或四层新屋，以供应用）。此为第一步计划，期于两三年内实现。又三福记及养正里房屋，亦应拆除，扩大操场，或再另建一部新屋，亦须占地不多，向空发展。此为第二步计划，期于五年内完成。至于如何筹款及新屋之支配设计等，须与校董会详细商定后，方可着手准备。拟于本学期终，先行提出大纲，经校董会通过后，再订详细计划。

4. 续办高中

本校高中，曾经开办两次，均因事中止，尚未办过毕业。以需要言，此后自当续办，惟须俟诸改建校舍第一步计划实现之后。

写在小学部恳亲会闭幕以后

一、引言

本校小学部的恳亲会已于六月二日举行过了。

小学校中所以要开恳亲会,其作用在乎联络家庭,共谋儿童教育之改进。因此,在恳亲会中,举凡展览成绩咧,招待家属谈话咧,邀请家属参观教学咧,无不为实现此项目标而设。原来一则儿童教育是整个教育的基础,关系至为重大;二则学校中的一切设施容有未能尽是之处,欲图改进,在在需人指导,本校小学部此次开恳亲会的意义,当然亦不外乎此。

在这篇短文里,一方面,把这次恳亲会如何着手筹备的经过情形,以及展览成绩的数量等等择要报告一二;在另一方面,审察了目前本校设施上的一切情形,拟具计划大纲,谋改进于未来。但这么样办究竟妥善与否,可就非请儿童家长与社会人士指教不可了。

二、筹备经过

1. 动议

本年二月十二日常务会议

2. 决定

二月二十七日全体会议

3. 订定办法大纲

三月十一日常务会议

4. 筹备委员会组织成立

三月十九日

5. 推定各部工作负责人员并拟定筹备进行日程

三月二十六日筹备会议

6. 开始积极筹备

四月八日（依照进行日程）

7. 筹备会议

先后召开委员会四次，全体会议二次，游艺股会议二次

8. 游艺股举行预演

五月三十一日

9. 布置一切

六月一日

三、筹备事项

1. 成绩展览

行政成绩类计有各种簿籍 177 册，各种报告 49 份，各种图表 52 张，其他 15 件（重要陈列品名称详后）。儿童成绩类计有分期试卷 124 册，作文簿 942 册（一年级除外），书法簿 1434 册，算数簿 1531 册，英文簿（高级）1116 册，日记簿（高级）373 册，各科笔记簿 3155 册，美术成绩 401 件，劳作成绩 985 件，其他 383 件。

2. 教学参观

计共九学级，科目、教材及担任教师支配如下：

ㄅ、	秋六甲	读法	五卅殉难烈士墓碑	钟蕺崖先生
ㄆ、	秋五甲	英语	The parts of the human body	叶炳若先生
ㄇ、	春六乙	美术	桃子、梅子写生画	翁之琴先生
ㄈ、	春五乙	社会	近百年的中国	俞焕斗先生
ㄉ、	春三	算术	法数一位不进位的乘法	富础仁先生
ㄊ、	秋四甲	劳作	苍蝇拍	徐禹民先生
ㄋ、	秋三乙	自然	稻的害虫	张君翰先生
ㄌ、	春二	读法	大雨后	王雪华先生
ㄍ、	秋一乙	常识	夏天的景象	董婉仙先生

3. 游艺表演（录主要节目）

ㄅ、高级组　口琴合奏、觉醒（话剧）、姊姊（话剧）、最后的胜利（哑

剧）、拳术

女、中级组　口琴独奏、桃李争春（歌剧）、难民（话剧）、一片面包（话剧）、最好的行为（话剧）、叠罗汉

丆、低级组　小农夫（歌表演）、新生活（歌表演）、树林中的一幕（话剧）、聪明的小朋友（歌表演）

附：行政成绩陈列品目录摘要

簿　籍　类

1．学校大事记　　　　　　　2．学校日志

3．各种会议录　　　　　　　4．纪念周记录

5．二十三年度概况　　　　　6．本校章程

7．学生通守规则　　　　　　8．好公民

9．澄衷月刊　　　　　　　　10．学生通讯簿

11．学籍簿　　　　　　　　 12．教学周录

13．各科成绩考查簿　　　　 14．体格检查簿

15．校具清册　　　　　　　 16．其他各种考查簿

报告类

17．各科教学实施举例（十八份）　18．各科成绩考查法

19．课外运动实施概况　　　 20．卫生设施概况

21．避灾练习实施概况　　　 22．修学旅行报告

23．大扫除报告　　　　　　 24．运动会成绩记录

25．经济收支报告　　　　　 26．新生活实践指导办法

27．公民考查报告

28．高、中、低各组学级训导实施概况（三份）

29．整洁检查实施概况　　　 30．秩序检查实施概况

31．模范儿童选举概况　　　 32．澄衷市暂行规定

33．澄衷市最近概况　　　　 34．澄衷市三年来大事记

35．澄衷市一、二区各村大事记　36．澄衷市演讲竞赛报告

37．澄衷市算术竞赛报告　　 38．澄衷市象棋比赛报告

39．澄衷市毽子比赛报告 40．澄衷市乒乓比赛报告

41．澄衷市卫生部工作报告 42．澄衷市风纪队工作报告

43．澄衷市儿童图书馆务报告 44．澄衷市市民储蓄概况

45．澄衷市出版物（三种）报告 46．儿童生活写真

图表类

47．组织系统表 48．概况表

49．现任教职员各项统计比较表 50．校舍统计表

51．校具统计表 52．经费预算收支百分比图

53．历年儿童数比较图 54．历年毕业生数比较图

55．最近三年投考与录取人数比较表

56．最近三年初高小毕业升入本校高小初中的人数表

57．最近三年各年级退学儿童数统计表

58．儿童籍贯统计图

59．儿童保护人职业统计图 60．全校儿童年龄统计表

61．各级儿童平均年龄比较图 62．儿童各年龄的身长比较表

63．儿童各年龄的体重比较表 64．儿童疾病及体格统计表

65．每周各科教学时间分量表 66．各科成绩计分百分比表

67．本学期各级教科用书一览表 68．各科教学过程图（十三份）

69．第一分期各科成绩等第统计表 70．图形智力测验成绩统计表及图

71．假期作业成绩统计表 72．假期作业交卷数比较表

73．澄衷市组织系统表 74．最近三个月儿童储蓄统计表

75．过去一年间的儿童储蓄统计表 76．儿童图书馆图书分类统计表

77．儿童图书馆逐周借书人数统计表

78．一学期中各级每人平均借书册数比较表

79．逐月各级精勤儿童百分数比较表

80．各级课外运动人数统计表

81．儿童生活调查统计图表

（1）住宅分布 同上（2）住宅状况

同上（3）家庭经济 同上（4）父母存亡

同上（5）父母教育程度　　同上（6）喜欢的学科

同上（7）厌恶的学科　　同上（8）喜欢的运动

同上（9）喜欢的娱乐　　同上（10）每周零用

同上（11）有无储蓄　　同上（12）每日到校的方法

82. 恳亲会筹备委员会报告表

83. 本校今后改进计划表

四、改进计划大纲

关于行政方面

冫、增进行政效率。

a. 学期之始，订定较详之每周行政历（非如学历之谨记开学放假及纪念日等，亦非如现有之会议预定表仅限于各项会议），使日常工作有所依据。

b. 改进校务分掌之法，教员亦须兼管一二种校务，负一部分责任，不使业集于少数职员之身，则一切事务自易收分工合作之效。

夊、厘订各项规程。本校注重实事求是，往往一事行之已久，而尚无成文之规定，且现有若干规程概与中学部合，已多不适用者，须分别增订或修订，以便遵循。

宀、扩充初小学级。本校高小春秋始各级俱系双轨，惟初小部春始各级为单轨，拟自下学期起逐渐扩充，于两年内补足，使初高小、春秋始各级一律成为双轨。

关于教学方面

冫、组织教学研究会。改进现有分科会议制，对于各科教学作进一步之研究，不仅讨论各科事务之处理。

夊、改进成绩考查法。考查多用客观的标准，平时多用练习片试验，记分参用常态分配法。

宀、教员相互参观。以客观的态度，不客气地彼此参观，依其结果，制成报告，作改进教学之根据。

关于训导方面

冫、注意监护。改进现有监护当值制，使益臻严密。

亥、提倡劳动与俭约。积极提倡劳动与俭约，如使儿童分任一部分校舍场地整洁工作及通知家属限制平日零用等，以养成刻苦耐劳之习惯。

一、注意课外活动。课外活动要多方面的，要普遍化，要于书本外求知识，教室外习技能。

二、励行整齐划一。如初级儿童亦须一律穿着制服上课等。

三、与家庭切实联络。除用现有通讯簿通讯及举行恳亲会外，平时须邀请家长来校谈话，或到彼访问。

关于校舍方面

子、改进校舍。现有教室宿舍及办公室等有不适用者，且亦不敷分配，须于两三年内改建一部分，并扩充之。

亥、扩充运动场。现有运动场面积太小，不敷应用，须设法扩充（拆去东养正里）。

关于设备方面

子、添置各科教具。现有各科教具尚感缺乏，须逐渐添置，以求充实。

亥、添辟专科教室。社会科与自然科须有专室（中学已有者，因教学时数已多，小学不复能借用），劳作教室须添设备。

关于事务方面

二、训练校工。

a. 各项工作须分别督促指导，以增进其效率。

b. 实施强迫补习教育或识字教育。

c. 指导实践新生活。

亥、整顿校容。须全校十分整洁，并布置校景，使之美化。

一、撙节校费。注意物品消耗及水电使用等，勿使有丝毫浮费。

我们则效了澄衷先生没有?

　　时光容易，本校立校三十五周年纪念日又到了。回想去年今日，我们举行三十四周年纪念会的光景，正如昨日的事一般。现在我们抬起头来看一看，过去一年中，我们的国势进步了没有？国际间的关系转好了没有？

　　先就我们的国势说：敌人强占了东北四省，不够；制造了冀东自治政府，不够；来一个察北问题，不够；强迫我成立了一个冀察政委会，来分化我们，不够；又在内蒙古制造了一个自治政府，不够；在华南，又在筹设一个自治政府，最近又决定扩充华北华中的驻军人数，并且增设第三航空战队于台湾，强化华南南洋的空军势力；步步进逼，要使这四万万人的中华民族整个做了他们的奴隶才甘心。

　　再就国际间的关系说：自从敌人"宣扬王道"，露骨地表示决心独占中国，并且在苏、蒙边境不断地挑战；墨索里尼"为了世界的人道正义"，出兵阿比西尼亚，去"传播文明"；希特勒"为了帝国的光荣"，宣布退出国联，撕毁非战公约、凡尔赛和约，直到最近冲破了罗嘉诺公约。一旦在莱茵非武装区域架起纳粹的炮阵，虽然在另外一方面，苏联所努力提倡的集体安全制已有了相当的成功，火药的气味，还是笼罩了各大洲，弥漫了全世界！

　　无疑地，一方面敌人的野心没有餍足的日子；另一方面，资本主义国家国际间的矛盾，没有消弭的方法，第二次殖民地分割的世界大战，已迫在眉睫，而大战爆发之日，亦即敌人欺我最甚之日，如果我们不能自拔，我们只有永远地沉沦！

　　去年今日，我曾作《我们该怎样纪念澄衷先生》一文，录实本刊，为诸生勖。在该文中，我的结论是："在这中国是'世界的中国'时代，在这第二次世界大战的前夜，这是我中华民族不能自强，便是毁灭的时代！！！在本校立校第三十四周年的时候，我们该怎样纪念澄衷先生呢？我们只有认识澄衷先生，才配纪念澄衷先生；则效澄衷先生的言行，努力！奋斗！！救中国！！！才是真正纪念澄衷先生"。

上面已经指明，我国的国势，更较去年为蹙，国际间的风云，更较去年为急，我们的责任，自然也更较去年为重了！

今日，我们纪念立校三十五周年，第一个问题，我就要问：在过去一年中，我们则效了澄衷先生的言行没有？第二个问题，我再要问：我们则效了澄衷先生的言行没有？第三个问题，我还要问：我们究竟则效了澄衷先生的言行没有？

为什么我只是要问这个问题？

因为我相信：我们必须有了和澄衷先生一样的康乐的身心，缜密的头脑，善于生产和创造的能力，勤劳的、诚实的和互助的美德，明耻的、勇敢的和爱国的精神，才能抵抗敌人，挽救国难，获得最后的胜利，复兴我大中华民族！

所以，今日我的结论是：则效了澄衷先生的言行，才不失我们纪念立校三十五周年的真谛！才不愧为一个澄衷学生！！才不愧为中华民国的一份子！！！

参观上海市运动会第二日总报告

本校于上海市运动会第一日，学生全体参加，表演团体操两节。已如上述。第二日又令全体学生组织小队，自由参观，惟须步行前往，以资锻炼。并于事先为之拟订表格，规定报告式样，请体育主任向全体学生说明参观运动会之重要意义，与参观时应注意之各点，即于第一日晚返校整队时分发报告表，由各小队分别约定集合地点（大多数在学校）及出发时间。翌日各小队集合出发，教职员不复置问，全令学生自由活动。越两日，以填就之报告表，交由体育主任汇转于余。余为一一审阅，就其参加人数、步行时间、疲劳感觉、参观费用及报告文字之多少等，分别统计，明其大概。名之曰总报告，乃对学生各个人之报告而言，全以学生之活动情状为主，非于运动会之事实有所记述或论列也。兹将报告表中所列注意十点，转录于下，以下再就统计八表，略加说明。

注意：

1. 参观以小队为单位，各小队自行约定集合出发地点及时间。
2. 除万不得已之病假或重要事假外（向小队长请假），必须加入参观。
3. 往返以步行为原则，非万不得已勿乘车。
4. 参观市运是一种重要的课外活动，要看做正课一样。
5. 参观市运所得至少要足抵学业所失。
6. 要用心观察运动场内外的种种。
7. 零用务须节省，摊贩不洁食品尤忌购食。
8. 一切要自己管理自己，自己训练自己。
9. 报告切勿互相抄袭，并须绝对忠实，不涉丝毫欺伪。
10. 报告于二十六日交由小队长汇交体育主任，转交校长审阅。

统计一 参观人数

级别	原有人数	第二日参观人数	第三日请假人数	第三日仍往参观人数
春三	32	31	1	无
秋三	52	48	4	1
春二	36	36	无	7
秋二甲	35	34	1	无
秋二乙	38	36	2	4
春一	44	44	无	7
秋一甲	46	43	3	10
秋一乙	49	47	2	3
共计	332	319	13	32

请假者十三人，约占全数之百分之四，其中大部分本系因病或因事请假在先，第一日亦未参加运动；小部分系运动后未往参观，临时向小队长请假者，其原因为家有要事或足痛不能步行。第三日参观学校未有命令全系学生自愿，亦可知其兴趣之厚与体力之强。其数为三十二人，约占十分之一，然实际恐不止此，因表不敷用，未向学校报告者亦不少也。

统计二 步行及乘车人数

级别	乘车人数	步行人数	步行中休息一次	步行中休息二次	步行中休息三次	人数小计	无休息者
春三	6	25	11	3	2	16	9
秋三	2	46	17	5	无	22	24
春二	5	31	3	4	2	9	22
秋二甲	1	33	无	2	无	2	31
秋二乙	10	26	6	无	无	6	20
春一	3	41	8	1	3	12	29
秋一甲	3	40	13	4	1	18	22
秋一乙	无	47	6	3	1	10	37
共计	30	289	64	22	9	95	194

乘车者三十人中，除参加田径赛之运动员乘坐汽车外，其余概为自由车，乃供练习，非惮步行也。其归时因家距学校较远，转乘一小段电车或公共汽车返家者，不过二三人耳。步行中无休息者约三分之二，休息者约三分之一。其

中有步行较速者,因等待年幼学生之较迟者而略事驻足;亦有途径平民村等处,入内参观,被招待而稍停留者,其休息非尽关于疲劳也。

统计三　参观时之驻在地点

级别	最多	最少	平均
春三	5处（1人）	1处（1人）	3.0处
秋三	6处（1人）	1处（7人）	2.9处
春二	9处（1人）	1处（7人）	3.1处
秋二甲	5处（3人）	1处（4人）	3.1处
秋二乙	5处（1人）	1处（4人）	3.1处
春一	9处（1人）	1处（3人）	3.4处
秋一甲	6处（1人）	1处（3人）	2.4处
秋一乙	4处（15人）	1处（6人）	3.0处
共计	9处（2人）	1处（35人）	3.0处

驻在地点总平均适为三处（各级均相仿）。即始在一处参观,其后再易二处,此尚为应有之事,因长时间驻于一处,比较单调,不易忍耐也。然亦有始终未变参观地点者三十五人,此为实际参观时间不甚长久之学生居其多数。至于变换地点最多者为九处（二乙一人报告谓："全场看台都到过。"此恐仅系绕行看台一周,"到过而已",未必处处驻留参观也,故未计入）,未免过于流动矣。

统计四　最注意的运动

级别	田赛	径赛	国术
春三	6人	8人	19人
秋三	9人	16人	25人
春二	10人	22人	17人
秋二甲	14人	10人	24人
秋二乙	11人	18人	22人
春一	18人	14人	22人
秋一甲	11人	25人	18人
秋一乙	18人	29人	22人
共计	97人	142人	169人

注意国术者最多,对于摔角,尤感兴味。径赛次之,田赛又次之。一人注意不止一种,故表中若计次数之和,则较总人数为多矣。

统计五　参观所需时间

往返步行时间

级别	最大	最小	平均
春三	4 时 40 分	2 时 10 分	2 时 47 分
秋三	4 时 15 分	1 时 35 分	2 时 42 分
春二	3 时 35 分	1 时 32 分	2 时 33 分
秋二甲	4 时 00 分	1 时 50 分	2 时 45 分
秋二乙	4 时 40 分	2 时 05 分	2 时 51 分
春一	3 时 55 分	2 时 25 分	3 时 25 分
秋一甲	4 时 10 分	2 时 00 分	3 时 11 分
秋一乙	3 时 50 分	2 时 10 分	3 时 00 分
共计	4 时 40 分	1 时 32 分	2 时 50 分

全部所费时间

级别	最大	最小	平均
春三	11 时 20 分	7 时 30 分	9 时 59 分
秋三	11 时 10 分	5 时 30 分	9 时 56 分
春二	10 时 30 分	8 时 00 分	9 时 18 分
秋二甲	11 时 35 分	6 时 30 分	9 时 54 分
秋二乙	10 时 50 分	7 时 30 分	9 时 54 分
春一	13 时 00 分	9 时 00 分	10 时 34 分
秋一甲	12 时 00 分	7 时 15 分	10 时 22 分
秋一乙	11 时 05 分	8 时 15 分	10 时 06 分
共计	13 时 00 分	5 时 30 分	10 时 01 分

实际参观时间

级别	最大	最小	平均
春三	8 时 00 分	2 时 00 分	5 时 01 分
秋三	8 时 45 分	2 时 00 分	5 时 12 分
春二	9 时 00 分	4 时 00 分	5 时 44 分
秋二甲	9 时 00 分	1 时 00 分	5 时 58 分
秋二乙	8 时 00 分	2 时 30 分	5 时 00 分
春一	8 时 30 分	3 时 00 分	5 时 48 分
秋一甲	9 时 00 分	3 时 00 分	5 时 36 分
秋一乙	8 时 00 分	3 时 05 分	5 时 47 分
共计	9 时 00 分	1 时 00 分	5 时 31 分

上表所列时间，当然因种种关系，不能精确，然亦无甚差误，不妨观其大概也。曾乘车者在往返步行时间一项，均不计算。时间最大为四时四十分（春三与秋二乙），因途中参观平民村等处，故需时较久；最小者为一时三十二分（春三），因有一段跑步助兴，故觉特快。（尚有一人记一时十分，未言跑步，恐有误，未列表内。）平均数各级相仿，惟春二稍快，春一稍慢。殆一因有时跑步，一因休息较久之故。总平均为二时五十分，以除步行往返全距十六公里（各小队出发点及所经路程，微有不同，姑就学校与市中心之距离以八公里计）。约得每小时五公里半之速率（休息时间在内）。第二项，乃指学生自出发时起至散队时止所需全部时间而言，最大者为十三小时，即自上午六时至下午七时。最小者为五小时半，盖有一人午后有事独自先回。总平均为十小时，各级不甚相远，可见兴趣尚好，不至有始无终也。第三项实际参观时间，至多九小时，至少一小时，总平均为五小时余，亦不为少。至于实际参观以外之活动，则为散步、野餐、游公园，曾奏口琴及参观图书馆等。

统计六　疲劳感觉

级别	原有人数	往时			返后			翌日		
		不疲	稍疲	疲	不疲	稍疲	疲	不疲	稍疲	疲
春三	31	21	3	7	16	5	10	17	7	7
秋三	48	32	10	6	31	12	5	32	12	4
春二	36	28	7	1	25	10	1	18	16	2
秋二甲	34	16	14	4	15	15	4	28	5	1
秋二乙	36	25	9	2	25	9	2	24	10	2
春一	44	21	13	10	21	13	10	30	6	8
秋一甲	43	25	11	7	23	13	7	28	9	6
秋一乙	47	29	12	6	29	12	6	33	9	5
共计	319	197	79	43	185	89	45	210	74	35

学生对于疲劳之感觉，在往时、返后与翌日三项，大略相同。即不感疲劳者占百分之六十以上，稍觉疲劳者在百分之十五以下，感觉疲劳者在百分之二十五以下。其翌日感觉疲劳者最少，为三十五人，约占百分之十一。又各级间亦不因年龄关系而有显著之区别。

统计七　个人零用数

级别	最大	最小	平均
春三	5.4元（1人）	未用（5人）	0.56元
秋三	1.00	0.05	0.39
春二	0.55	0.01	0.27
秋二甲	1.42	0.03	0.38
秋二乙	1.50	未用（1人）	0.33
春一	0.60	未用（1人）	0.31
秋一甲	0.86	未用（1人）	0.38
秋一乙	1.40	0.14	0.41
共计	5.40（1人）	未用（8人）	0.38

零用个人最大者，为春三之五元四角，实嫌过费（此费用于午饭请客。春三除此一人外，最多为一元二角），全级平均受此影响而达于零点五六元。其他各级平均数相仿，而春二与春一较小。总平均为零点三八元，虽甚平常，然合全体三百十九人计之，已有一百二十一元余，为数亦不小矣。

统计八　"感想"及"琐记"字数

级别	感想			琐记			合计		
	最多	最少	平均	最多	最少	平均	最多	最少	平均
春三	450	80	203	600	50	243	1010	130	446
秋三	480	30	188	780	40	213	1260	110	401
春二	400	50	207	620	40	226	680	90	433
秋二甲	440	40	196	610	50	256	1010	110	452
秋二乙	520	40	240	780	100	287	1180	140	527
春一	470	80	191	560	110	266	880	120	365
秋一甲	400	50	161	780	50	204	800	120	365
秋一乙	310	30	151	560	40	195	680	100	346
共计	520	30	189	780	40	233	1260	100	422

报告表系铅印，正面为表，背面分两栏：一为参观后感想，一为市运动会琐记。上表统计，系专就背面所作"感想"及"琐记"两种字数而立，正面表格所填之字，不计在内。感想最多520字，最少30字；琐记最多780字，最少40字；两种合计最多1260字，最少100字。各级间春二合计字数最大，春、秋

三及春二、秋二甲四级相仿,均在四百字以上,春一及秋一甲、乙三级,均在四百字以下,较二、三年级稍逊,此意中事也。感想及琐记文字较佳,誊写认真者亦不少,兹节选数则于古以作本文之结束。(略)

澄衷学生

今日是本校立校第三十六周年纪念日。自我忝长本校,倏将三载。由我主持来举行一年一度的校庆者,今为第三次。在过去两次纪念日,除举行纪念大会外,前年我曾写《我们该怎样纪念澄衷先生》一文,去年又作《我们则效了澄衷先生没有?》一文,先后录实本刊,表示我们纪念这立校纪念日,并不是形式主义,而是切切实实地奉行澄衷先生的言行,以期不负澄衷先生立校之至意的。根据了同样的用意,我现在再撰《澄衷先生》短文一篇,献给诸生。

澄衷学生应该怎样呢?很简单,只有三个条件:

第一,澄衷学生要有礼义,有廉耻。

年来蒋委员长所提倡和推行的新生活运动,便极端注意礼义廉耻这四个字,提出了极明白极通俗的解释说:礼是规规矩矩的态度,义是正正当当的行为,廉是清清白白的辨别,耻是切切实实的觉悟。这是做人的信条、立国的根本,是谁都知道的。我相信,大多数人都明礼仪知廉耻。但是,我们在立身处世的时候,态度老是规规矩矩的,行为老是正正当当的,辨别老是清清白白的,觉悟老是切切实实的,能有几人?大多数人都不免为威武所屈,富贵所淫,贫贱所移,只知小我,不知大我。驯至礼义之亡,廉耻道丧,迄于今日。我国积弱到这个地步,民族生命不绝如缕!所以我光是明礼义,知廉耻,还不够,我们一定要有礼义,有廉耻,切勿丧失了它才好。

第二,澄衷学生要多运动,强筋骨。

优胜劣败,弱肉强食,是一条铁律。在这物竞天择时代,我们不练就一副铜筋铁骨,实在万难生存于世。事实摆在我们面前,欧美人的体格比我们强,是实情。就是从前我们称他们为倭奴的××人,自从维新以后,极力提倡柔术剑术的结果,他们的体格,一天强健一天,一代好似一代了,不信,所谓倭奴也者,已经有好许多二三十岁的人,比我们高大了。这实是他们蔚为强国的一因。俗语说："健全之精神，寓于健全之身体。"又说："一分精神，一分事业。"是故无论就个人事业说，就民族前途说，我们都应该多运动，强筋骨，俾得将来担当更艰巨的工作。这一点，观于教育部的通令全国大中小学实行强迫体育，以及设置部、省、市体育督学而益为明了。本校对于体育，向极注意，破除一般崇高选手的习惯，致力于全体学生之普遍及严格训练，是我们一贯的方针。在我们的行政机构上，体育部早于三年前从教务部划出独立，也就是这个意思。

第三，澄衷学生要活读书，读活书。

我常想中国新教育的失败，就失败在读书上。先生教读的书，学生读教的书，可以概括了新教育的本质。所谓教读的书，是教死书；读教的书，是读死书。结果，学生在学校里学到的知识技能，到社会上只有极小的一部分可以应用，甚至于一无所用！学所以致用，我们非活读书与读活书不可。怎样叫读活书与活读书？就是无论读什么书，都要用客观的事实或实验的结果来证明或推翻书本上的论证。打一个譬方，我们从船行海上，先见船桅，后见船身的客观的事实，推翻了以前书本上天圆地方的说法，而成立了"地球是圆的"新学说。又如牛顿看到树上苹果落地时，不向上抛，而向下坠，因而创立了地心引力说。再如瓦特见于壶盖随沸水上升，而发明了划时代的蒸汽机。这都是活读书与读活书的好榜样。所谓"活书"，概括说一句，凡社会上与自然界各种现象都是。只有这样读书，我们才有进步，才不至为书本所误，为书本所限，才能够与列强争胜负！

这是澄衷学生应该奉行的三个很简单很平凡的条件。这是老生常谈，其实一切真理都是很简单很平凡，亦近老生常谈的，请记住。

去年今日，我曾说过："则效了澄衷先生的言行，才不愧为一个澄衷学生"，"澄衷先生的言行"怎样？前年今日，我已经具体地客观地叙述出来了。现在这三个条件，是不是与澄衷先生的言行吻合呢？我想答案是不会否定的。那末我这次所说的，在本质上与过去一般无二，岂不是白费了？不，决不！现在所说的，虽然我们都已耳熟能详，身体力行，可是隔了相当时期，再提示一次，更可以使我们固守勿失的。

建筑新校舍刍议

三年前的立校纪念日,澄衷月刊发行创刊号,作者拟就了一个文题,曰:"本校之过去、现在与未来",仅写了"过去"一段,登载该刊,就本校小史,分期概述。那"现在"和"未来"两端,以后就不曾续写。前年立校纪念日,撰了《二十三年度之本校概况》一文,算是前文的"现在"部分,同时也略略说到以前沿革与今后计划。去年三十五周纪念时,编了《学校一览》一册,关于"过去"历史和"现在"状况,叙述得较为详细,但是对于"未来"的展望全未提及。还有附印于《申报》的《卅五周纪念特刊》里面有"概况"一节,说道"未来",也不过寥寥数语而已。今天又值校庆纪念日,我们在开会庆祝的时候,益念校主叶公的伟大。作者屡屡说过:纪念的意义,不光是追想既往,而希望将来更为重要,既往如何经营,不能忘前人的功绩;将来如何发展,乃是现在全校同人的责任。那末本校将来的希望是什么呢?作者愚见所及,要就校舍建筑方面一说,也算补足前文的"未来"部分。

本校今后应当改进的事项不止一端,例如彻底改善行政组织,积极实施训教合一,充实各科设备,提高学生程度等等。但是实质当然需要改进,而学校形式也和精神同一重要。为了形式的简陋,以致精神不能振作的,很多很多。环境对于人生的影响,是谁都知道的;所以校地校舍影响于教学和训练,实在非常重大,外观的美丽宏伟与否,还是小事。欧美、日本办学的,往往平时开支力求撙节,独对校景的布置、校舍的建筑,多用全力经营,一个小学校的建筑费达数十万,一个中学校的基地达数百亩的,是很平常的事情。校舍和教育的关系,从此可想而知了。

本校现有校地校舍,从大概说来,似乎还算可用,然而校地太小,校舍又有种种缺点,欲图发展,除小学暂时尚可迁就外,中学则非另购校基重新建筑不可。万一不能迁地,亦应逐渐拆除旧屋,分期改建合用的新舍。否则长此因陋就简，本校前途不但不能发扬光大，且有日趋衰老之势，怎样可以安慰澄衷先生于地下呢？（历届初中招生，投考的不甚踊跃，投考人数很少超出录取名额三倍以上；两次高中招生，应者更少。盖本校无完美的校舍和广大的运动场，不足以引起信仰和适应需要，恐怕也是一个大原因吧！）现在分别说明如下：

现有校地校舍的缺点

（一）环境不良

（1）学校近邻东西北三面都有小工厂，厂里面的工作声浪，有时非常喧闹，世美堂中学教室，博爱路高小教室上课，以及澄厅开会的时候，屡为所扰，颇以为苦。（2）门口便是市街，太觉热闹，又摊贩甚多（屡禁无效），容易引起学生闲食。（3）邻居晒台触目皆是，窗口或通操场，或对校园。又芦席厂棚破败不堪，仅和操场一墙之隔（墙极矮，可见破棚），殊不雅观。（4）东邻工厂烟囱里的烟，往往笼罩操场，既妨运动，又碍卫生。北面还有垃圾焚化厂，终日放出浓烟，流及校内，时时吸入是于健康有害的。

（二）应用不敷

（1）世美堂只有八教室，倘使中学扩充到九级（秋始双班，春始单班），便已无可容纳。如将所添教室放在世美堂外，又觉支配混乱，管理不便。（2）小学部更见拥挤，势难再添学级，并且小学和中学混在一起，划分不清，更有许多不便。（3）倘以后重办高中，教室更不敷用。有人说：世美堂让给高中，高小教室让给初中，初小教室让给高小，初小仍移到三福记（现在租给某医院）内，不是解决了么？这可以回答他说：三福记旧式房屋太不适用，迁就目前，终非久计。（4）教员、学生宿舍和学生课外作业用室都不够；教学方面，亦有增辟实习室、研究室、陈列室等等的必要，照目前情形，实在无可设法。（5）澄厅虽以健身房兼充大会堂之用，但终不及两者分别设备来得便利；并且全校一千数百人，若要统统容纳在澄厅里面，还是太小了，不够的。（6）近来教育部颁布强迫运动办法，需要极多之场地，本校只有运动场两三方，不敷应用；所谓大操场也者，纵不过百公尺，横不过三十公尺，面积不足三千方公尺，实在是个小场，不能用于足球运动。其他网球场等，也没有相当空地可以建设，至于游泳池的设备，更无论已。

（三）旧屋多不适用

（1）除世美堂中学教室外，旧有教室大都黑暗，且无气窗，采光通气都不充分（严格说起来，世美堂教室也有不合用的地方）。面积亦小，没有超过五百方尺的，每人只占到十方尺（教室普通标准，照学生五十人计算，要长三二尺，阔二四尺，面积七六八方尺，每人约占十五方尺）。（2）教职员宿舍每一寝室并不算小，但是只有一窗，还是靠西的。两人处之，安放书桌，要谋采光的便利，就没有两个适当的位置。（倘使寝室建筑得经济适用，照比大小，可作二室，每室二人，可容四人。）盖教职员寝室，以小者为宜，同居以二人为限，三人以上，感觉不便了。（3）同室办公，可以增加效率，照现在校舍，得不到一个适宜的大办公室，只有就相邻二室或三室，设法联络而已。（4）钟楼以北二十余幢的房屋，日渐破旧，恐难持久，每年修理，亦不经济。（5）操场正当中学教室前面，教学者和运动者的声浪，也有互相妨扰的地方。

（四）现在校基无扩充余地

开校时校基二十九亩，其后购入数亩，现在仍只有三十余亩，学校所用约十分之六。其余十分之四，是澄衷路以东的养正东里、养正里三福记，及澄衷路以西的养正中里，前者或可拆除，并作大运动场，后者还系新建，恐无遽废之理。至于近邻屋地，一时尚无收买的机会，以作扩展的地步。

觅地重建校舍

由上所论，本校实有重觅校地重建校舍的必要。（但小学或可不必迁出：一因需用校舍较少，只要改建一小部分就够了；二因蒙学始基所在，似乎不当废弃；三因学生多在虹口附近，不便迁移。）此事的进行大纲如下：

（一）定议

此事第一要变更成规，筹谋巨款，关系非常重大，所以讨论应该非常郑重。本年纪念会后，由学校提出董事会请议，如果董事会认为可议，可从五月起，每半月或一月会议一次，除各董事学校当局与教职员代表外，当再邀请重要校友共同参加，以收集思广益之效。如在本年度终决议另购校基，下年度开始后，便当议定进行步骤，着手筹备。

（二）觅地

定议后，便要开始觅地；所觅之地，应该选择距离城市稍远、空气清新适宜读书的所在；面积至少要有二百亩。分期建筑校舍，希望可容一二千人，成一完善的中学。

（三）筹款

经费来源，分为下面几种。

(1) 学生纳建筑费。上海各学校办过的很多，本校不妨仿办。自下年度起，假定为继续五年。

(2) 爱校运动。明年立校纪念日举行爱校运动（他校也有办过的），由在校职教员和学生分头捐募，以两个月为期（暑假前结束）。

(3) 特别捐募。本校毕业校友不少，其中热心爱护母校，并且在各界有声望的也不少，可请他们认捐认募；退任教职员也可分任捐募，共襄盛举。（上海私立学校的图书馆、科学馆、体育馆等，有由校友会建筑捐赠的。）其时间从下年度开始，继续两年。

(4) 筹借。购地建筑，需款很大，单靠上面三项必定不够。等到现在债款还清，或还剩不多的时候——大约在二十八年度内——再行筹借一部，设法分年归还。或者发行校债，也是一法。

（四）建筑

要特组建筑委员会，一切费用预算（包括上项筹款）、工程计划都由委员会主持办理。委员中不但邀请建筑专家参加，并须有教育专家以备顾问。倘在下年度内购得新校基，那末，新校舍第一期建筑，可在后年至迟大后年立校三十九周纪念日动工，以十个月为期。同时着手于种种设备，希望落成后便可迁入。

（五）迁校

民国三十年二月迁入新校，从事布置。四月十六日，庆祝立校四十周纪念，同时举行落成典礼。倘工程来不及告竣，可以延到秋季开学时落成，并补行四十周纪念典礼。

改建校舍的次策

以上另觅中学校基的上策，万一不能实现（倘有决心毅力，亦是可能的事，并非唱高调，托诸空想），只好行退一步的次策，就是将旧校舍改建，以期适用。改建办法有二：

第一办法是改建一部的办法。（1）拆除澄衷路以东的养正里、三福记等旧屋，扩大原有运动场，面积约当以前的三倍，还可勉强够用。此时铜像要移向南立。（2）大同、康乐两路（现作教员宿舍及会食堂等）和博爱、平等两路（现作高小教室及学生宿舍等）的楼房一律拆除，另行建筑三层或四层楼两座，每座都面南，作"口"字形，不再作"一"字形。一座靠北，用为中学教室及办公室、会食堂等；一座靠南，用为小学教室及职教员宿舍等。又两座前面西南侧首，可另建"一"字形三层楼一座，充特别教室之用。（3）下学、上达两路中栋旧屋，就是最初所建的屋，工程比较坚固，改作学生宿舍之用。约可容三百人至四百人，不至像现在的局促了。（4）世美堂全用为图书馆（旧有藏书楼的书籍并入）、自然科教室、仪器标本室与实习室。（5）澄厅暂时仍旧，倘将来养正中里也有拆除可能的时候（这个希望很小），世美堂前面可建大会堂，将澄衷路移于大会堂的旁边，运动场稍向西移（面积仍相仿）。或者养正中里的地方，改建小学专用校舍，以前改建的"口"字形新屋，专归中学所用；运动场暂不移动，大会堂暂不添建。

上面所说的办法，最不妥当的是中小学教室太嫌接近。究竟怎样支配？可看实际情形而定。中栋初小教室不动，世美堂改作高小教室，"口"字形新屋之一用作图书馆、自然科教室、实习室及学生宿舍等，亦未尝不可。这要在改建前仔细设计的。

第二办法是分期改建全部的办法。第一期拆除养正里、三福记等，同第一办法之（1），拆除后不全作运动场扩充之用，还要留出一部分，在世美堂前面添建"一"字形三层楼或四层楼一座（从操场东端直到澄衷路），用为中学教室、办公室及教职员学生宿舍等。铜像移至楼的前面正中，向南立。其余支配，当然要牵连更动。第二期方才拆除钟楼及教职学生宿舍等（暂留靠南靠北一小部），改建三层楼或四层楼两座，同第一办法之（2）。但是用途支配与前不同，这不必说。这个办法的好处，在于第一期添建"一"字形新屋的时候，无须腾让；第二期改建"口"字形新屋的时候，因"一"字形新屋有空，比较容易腾让了。但是不及第一办法的，是运动场扩充不到三倍之大，只有两倍多了。第三期拆除厨房、校工室及余存之学生、教职员宿舍，北面改建三层或四层楼一座；南面靠西建筑健身房一座，暂兼大会堂。第四、第五期，逐渐拆除中埭（已过五十年）及养正中里一部（已过三十年），改建大会堂及三层楼、四层楼大小各一座（可以添出小运动场一方）。每期所需建筑费，以十万元为标准，其相距时间，长短若何，不是目前所能预定，大约三年至五年，再短则筹款更难了（至少前两期或三期非办不可）。

以上两个办法中，都要拆除养正里、三福记等出租之屋，租金损失不小，学校经费便常受影响，这自然又要想法补偿的。改建需款较小，但是如何设计方臻妥善，或者要比觅地重建来得复杂，也要详细考虑和郑重讨论，才可决定。决定以后的进行程序，可以参照觅地办法订定，这里不必多说了。

以前关于扩大校基的运动

作者愚陋，前面所说，只是一个建议，不能算做计划，谬误失当的地方，一定很多，这是要请本校同仁不吝指正的！现在把本校以前三次扩大校基的运动和运动失败的经过，简单地叙述在下面，并附带报告关于叶园的事情，作为本文的结束。

民国七年春，校友会会长陈梓傅君（现任校董），因怀德堂前操场狭小，不能比赛足球，探知操场东偏空地计二十亩（从现在操场东墙直至公平路以东）为犹太人之产，又有地数亩与该地相邻，亦为其侄之产，于是创议购之。旋由曹校长等商请董事，董事以经费支绌，不敢冒昧从事。陈君谓目下既不能购，不如先租，然后徐商购置之法。于是转辗设法，租得该地二十余亩，并又犹太人允免租金（时在七年十月十五日）。租得该地后，筑篱于其南首，以绝交通，大加修治，名之曰校外大操场。中小学生与他校学生比赛足球，或中学生互赛足球，皆用校外大操场。（以上见第四期澄衷学报张立明《母校概况》一文）是年十一月十二日，运动会即在此场举行（见七年学校日志）。其后犹太人欲卖其公平路两旁与校毗邻地念亩，索值仅二万二千两（见八年第五期澄衷学报通讯。闻因主人逝世，家属急于归国之故），本校稍事踌躇，即为捷足者先得，坐失良机，殊为可惜！（此地大约借用历一年有余，还去日期无可考。又按：原创议人陈君，于七年十一月辞职他去。）

民国十二年十二月二十一日开学生各级代表会议，级任教师亦出席指导，张德平君临时提议添辟大操场,并组织扩大校基委员会(属于学生的),全体赞成通过。教职员又另组扩大校基赞助会,目的在另觅校基,重建中学校舍,并由曹校长向江苏省教育会洽商购地事宜,省教育会允予协助。学生定中学每人各捐二元,高小每人各捐一元,大半在寒假内缴纳。其后事卒不成,于十三年二月十五日发还捐款。翌日,省教育会黄任之君来校接洽,谓有地三处——南翔、西区、龙华——可购,曹校长只得婉言谢之(见第六期澄衷季刊及十二年十三年学校日志)。

  民国十四年二月七日,校董会决议:扩大校舍,推广学额,将校前养正西里(现在养正中里的前身),拆去四五巷,建筑三层楼房,以为教室及宿舍之用,并嘱学校拟绘图样。以后屡经商讨,至六月十五日,得校董方面消息,谓:添造校舍,且后缓五年云(见第八、第九期澄衷季刊及十四年学校日志)。

  民国二十一年冬,校主公子叶子衡君,以其私产,坐落江湾之叶园,捐与国立上海医学院,充作肺病疗养院,命名澄衷医院,以纪念其尊翁澄衷先生。该园占地八十余亩,云蒸霞蔚,望若仙境,市民殆莫不知有叶园者。(以上见上海医学院开幕纪念刊)改建医院,自亦相宜;独惜本校于事前一无所知,否则与叶君洽商,请其捐赠本校,改建中学,同时纪念澄衷先生之事,未必无成功的可能:即不能全得此园,而医院占地不多,于园中适宜处所,改作疗养区域外,其他悉归本校。果能实现,这是何等可喜的事!不知以后尚有磋商余地与收回机会否?

附录三　吴粹伦译文

美国教育的职业化运动

[日本] 宫本圭三　著

F. Clement C. Egerton 在他所著《教育的将来》（*The Future of Education*）一书里面说："不是职业的教育，就不是教育。"Bizzel 和 M. H. Duncan 两氏所著《现代教育的趋势》（*Present Day Tendencies in Education*）里面说："学校教育，有职业的和修养的两方面；对于某一个人是修养的教育，对于别一个人或许变为职业的教育。譬如历史一科，在要做历史教员的，是职业的教育，在要做商人的，就是修养的教育。化学一科，在要做医师和药剂师的，是职业的教育，在要做律理师或牧师的，就是修养的教育。手工一科，在要做机械工业的，是职业的教育，在要做商人或银行家的，就是修养的教育。推之其他各种学科，也是一样。同是一种科目，它的所以成为职业的修养的教育，要看学的人将来择业的如何，而有不同的效用。这两方面，如果不能兼筹并顾，用圆满的方法达到平衡的境地，那么这种教育，不能称为完全教育。就美国教育制度说，对于上述两方面，还未有适当的平衡，这是无可讳言的。"

Gillette 在他所著《职业教育》（*Vocational Education*）里面说："职业教育的一句话，意义很广，应当包含人生实际生活所需要一切训练的科目。职业教育的要求，可以说是现代社会伦理的要求。"Bizzel 和 Duncan 两氏又说："合于社会状态的要求，在职业和修养两方面的中间，谋适当的平衡，这是最重要的事情。所以美国教育，应当有下面所述的几个目的，就是：（一）职业上的训练，（二）家政上的训练，（三）公民训练，（四）使用本国语的训练，（五）保持健康的训练，（六）善用闲暇的训练等等，是即所谓职业教育。其实职业的训练一语，从广义说，上面几个目的，无不包在里边。这种训练，除关于他们职业上的技术训练以外，再有具备种种智识的必要。他们不能不做善良的市民；他们对于本国语的使用，不能不纯热而巧妙；他们对于一己和所属团体，不能不尽力保持其健康；他们对于闲暇时间，不能不明其利用的方法。所以真正职业的训练，要包含修养的训练。无论什么人，他所受的教育，倘使不是职业的训练，就和没有受过教育一样。"

又 Stanley Hall 所著《教育上的问题》（*Educational Problems*）里面说："自食其力，是好公民的根本条件。"于此可见一个人要自立，非受职业的训练不可。

如上所述，美国教育家力说职业教育的必要，是十四五年以内的事。这个原因，是由于社会经济的急激变化。而徒弟式教育，在训练上不是有效的手段，所以学校方面提倡职业的训练，这是理所当然。

Charles Hurbbard Judd 在他所著《民主主义的学校制度之演进》（*The Evolution of a Democratic School System*）里面说："美国制造业者，有下面几句话告诉我们：'美国如果要和欧洲大陆竞争，那么美国儿童，不能不在工业的过程里面切实训练。大西洋彼岸各国，对于儿童，无不有职业的训练，这种训练，能使他们熟练生活。所以我们现在的要求，总是要有积极的方策。'这个方策，应当怎样才对呢？我以为应当（一）变更美国学校上级的内容，（二）容纳儿童许多的要求，（三）要有周详的审议和注意深切的实验，（四）不可袭用欧洲各国的组织，以求解决我们的困难问题。"

以上所说，是就社会需要立论，以谋适应的方法。在另一方面，为防止穷困和犯罪起见，亦当使儿童受职业的教育。因缺乏职业上的熟练，以致穷困的，有许多实例可以证明。Gillete 亦以为穷困是和熟练劳动者不能竞争的结果。又据 Carrol D. Wright 的研究，饥饿是犯罪的主要原因。劳动者苟有相当报酬，便不愿犯罪。Massachusetts 洲囚人四千四百三十名里面，无职业者占百分之六十八，Pensylvania 洲犯罪者，有百分之八十八未受职业的训练。所以从贫困和犯罪起因一方面看来，职业的训练，也是极重要的。

又学校教育，为专门化的分业所要求，而必须和它相应，也是自然的趋势。George Herbert Betts 所著《教育的社会原理》（Social Principles of Education）一书里面，对于美国工业方面的教育，加以不少的非难。Stanley Hall 对于美国小学的组织和内容，亦有非难之点。在他所著《教育上的问题》里面说："美国小学教育，是过去的教育，偏于理论，和现在实际的状况，相隔很远，非大觉醒大改革不可。"James Parton Haney 所著《公立学校的职业训练和工艺教授》（Vocational Training and Trade Teaching in the Public School）里面说："小学校学科的支配，偏重空泛的修养，是不对的。"美国儿童，在小学毕业以前，往往有多数的退学者。他们退学原因是怎样呢？儿童有较强的职业倾向，对于学校教科，不能满足，于是要寻一最初的机会，以预备他们的职业生涯，这是最大原因。又 Bizzel，Duncan 两氏的书里，载有 Thorndike 氏调查的结果。据这结果：假定小学校有百人入学，到第三学年终而退学者十人，第四学年终退学者增至二十九人，第五学年终增至三十二人，第六学年终增至四十六人，第七学年终增至六十人，结果升入中学者，只有二十七人。其中十七人入第二学年，十二人入第三学年，最后入第四学年者，八人而已。这个大多数退学的原因，不外下述两点，就是：（一）现在学校的学科缺少兴味，（二）并且缺少职业上的便宜。F. Clement C. Egerton 也说："横在我们眼前最重大的问题，就是怎样得到相当的资金，以供一己的生活。"

美国学校，对于上述问题，并未有何等的解决方策。儿童十四岁，毕业出校。他们不但不能维持自己，对于他人，也是无用。James Porton Haney 所著书里又说："十四十五岁的儿童，在社会里面，只能供人驱遣，或做助手，所得薪金，极其低廉。在这种状况底下，国家和幼年劳动者，双方都受经济的损害。"关于这个问题的讨论，在美国已经过十四五年。在此要求声中所出现的，是对于此等儿童与以职业智识的学校。例如晚间的工艺学校（Trade School）就是。这种学校的许多学科，都带实用的性质。凡职业上技术的智识，无不授与，要使劳动者缩短他们的徒弟期间。又如 Cincinati 工程学校，使学生在学校实验室或都市工场实习，以施充分的训练。又艺徒补习学校（Continuate School of Apprenties）等，亦因这个目的而产生。葛雷式（Gary plan）学校，也是谋教育实际化的学校。Mater Robinson Smith 所著《教育社会学的原理》（*Principles of Educational Sociology*）里面说："最近初级中学和高级中学，都应当容纳这种要求，给与学生以职业的训练。"

最后就职业指导和教师责任一方面，Bizzel 和 Duncan 两氏以为："将来教师，除书本上的智识以外，怎样考查学生的性能？怎样使所教学科，顺应学生的要求？以及其他关于人生实际的方面，都是自己先要深知，然后指导学生，使他们得一实际生活的准备。倘使仍像以前教师，只懂文法、地理、算术等，那终是不够的。"关于美国职业指导的情形，有许多重要的著述可以考查，这里不必详说。

英国之补习教育

[日本] 堀七藏　著

英国大多数人民，满二十岁，则不问男女，概须独立自活，盖英国无家族制度，子女之大多数，不能分得父母之遗产，有极少数之人，其两亲为富者或贵族，始得入伊顿、哈罗等公立学校，乃至剑桥大学、牛津大学，以受所谓绅士教育，然一般少年，则止于小学校卒业而已。对于小学校卒业不能不求自活之大多数国民，而施以自活教育，即所谓补习教育也。此与日本之补习教育大异：日本受补习教育者，渐有厌恶职业之倾向，可谓大病。英国补习教育，非读、写、算等小学教育之普通补习，乃职业教育之本身，至少亦为职业教育色彩之极浓厚者；国民自活之途，可由补习教育而益臻确实，此非日本补习教育之所及也。

伦敦地方，实施商业补习教育者，在四五年前，已有百余所，此等教育，俱使从事于商业方面以营自活者，得切实之利益，其学科有商业、书记、簿记、商业算学、速记、打字等，或为昼间补习，或为夜间补习。又依年龄而分为两组，年少组为十八岁以下，自九月至七月一年间之学费，仅为三仙令（约一元半）。年长组为十八岁以上，一年学费亦仅十五仙令（约八元）。此等商业补习教育，俱授以自活之道，补习后而不为商业关系方面之公司银行所雇用者，盖甚少也。

伦敦之工业补习教育实施机关，有年长组二十五所，年少组六十所。年长组为已在工场实际工作者，复受工业方面之专门的补习，年少组则以养成受此教育后从事于工业之人才为目的。年长组主为夜学补习，年少组之补习，多在昼间，其材料与夜间者不同，不必言矣。此等工业补习教育，殆举一切之工业学程而尽包有之，对于男儿，有机械、建筑、印刷、家具制作、金工、照相、制版、西服裁缝及西餐料理等科，饮食料理之列入补习学科，在我等视之，殊觉其奇异。又女儿之工业补习教育,多烹饪及裁缝,更无论矣。此外则有刺绣、假发、女帽、室内装饰、洗濯及照相等科,均以切于实用为主,而昼间补习之。男儿为十三四岁,女儿为十四五岁,一年学费仅三仙令。年长组之昼间补习,尚有机器师、建筑、测量、航海、船员等。总而言之,英国之工业补习教育,非如日本之简单,所有工业学科,无不包含,对于各种职业,无不予以补习之机会,施以实际的教育,而助其自活者也。日本有农学校,而卒业者厌恶农业,卒业于工业学校者,亦多不能实际工作,以与英国相较,判若天壤矣。

在美术工艺方面,实施补习教育者亦不少,仅伦敦一处,大约已有三十所,此乃附设于伦敦之美术等各学校者也。其学程有版画、图案、印刷文字等,又有书籍装订、家具制作、石版工、宝石工、珐琅工、漆灰工、陶工、银细工、金工、石工、木工、装饰等。昼间学程,系十四岁以上补习,夜间学程,系十七岁以上补习,每年学费,自三四圆(夜学补习)以至三十圆(昼间补习)不等。此等补习教育,皆为小学校卒业后之自活子弟而施之职业教育也。

伦敦地方,又有利用职业余暇,注重趣味涵养之补习教育,即利用伦敦之建筑物、美术馆、图书馆及现代美术家、音乐家等,对于十八岁以上之青年,施以补习教育,使其涵养文学、美术、演剧等之趣味者也。其课程有英文学、外国文学、哲学、心理学、经济学、社会问题、历史、演说、声学及美术、建筑、音乐之鉴赏等。是等除教室所授讲义外,常令补习学生参观美术馆、博物馆及有名建筑物等,实地考察(或练习)而予以指导。此于职业余暇之善用,及审美趣味之向上,实有甚大之利益,而于职业无直接关系之补习教育也。学费每科每年三圆,每增一科,递加一圆半云。

此外又有专为女子而设之家事补习教育,此不仅基于实利主义,而自改善家庭之人道主义的立场言,亦为至要之举。无论职业妇人,或家庭主妇,均须受此补习教育,其课程有烹饪、裁缝、针刺等,须就一己及家庭之必要品,自行制作,或将救急法、家庭看护、幼稚保护等,加入时间表内。又有教授家庭临时要事处置法、修缮皮鞋、整顿家庭装饰等之学级,有时或加体操、音乐、文学等,又有女童子军等特别课程。受此补习教育者,为十四岁以上之女儿,其特别课程则成年妇人受之,至于学费,则十八岁以下者为三仙令,十八岁以上者为四仙令,所费虽小,而已可受完全之补习教育。此种补习教育之施行者,在伦敦有百余所云。

成年男子之补习教育,最近亦颇发达。此于成人职业余暇,授以趣味的、休养的意味之作业,其课程有木工作业、音乐、救急法等,并时开讨论会,讨论一切。又有家畜、家禽之饲育,园艺、木雕、写真及体操等,有与俱乐部等各组织渐谋联络之倾向,此所谓成人补习教育也。

伦敦又有对于无力出费之贫民子弟及聋哑者,而实施之补习教育,又对于卒业小学校而自活之少年,亦施以职业补习教育。此等小学校卒业生,乃被雇于公司或工场以资实习者,均于昼间行之,此无待言,盖与公司工场联络合作之补习教育也。一周间授课至少六小时,多则十五小时,授课时间,自午前九时至午后五时,或有延长至午后七时者,学科有算术、簿记、速记、打字、法文、制图、木工、金工、裁缝等(包含体操),均与劳动界联络行之。此种补习教育,为纯粹的职业教育,以增进劳动作业之能力,养成独立自活之国民为目的。故在英国,一方面有绅士教育,他方面则殆使国民全体,俱得受乙种程度之职业教育,此可谓英国补习教育之大势,盖非一般的普通教育,而大部分皆实业补习教育也。

日本女学生职业志愿之调查

[日本] 木村要 著

职业志愿之调查，为职业选择之一方法，而职业选择之基础，则筑于各学生心理的、生理的个性差异之上。由同一生活体之灵的价值言，人类实为平等，似无各个之差异，然就其能力观之，则质的方面或量的方面，各人天赋之悬殊，至可惊异。所谓职业选择，即指导学生使由此个性差异，以决定其方向者也。个性调查之法，近年进步甚速，而科学的实验方法，尤为发达，且有显著之效果，其方法大约如下：

一、职业志愿调查　　　　二、继续的观察
三、环境及其他调查　　　四、性能检查

余（著者木村氏自称）在本年一月对于本校（大阪府立富田林高等女学校）五年生（六年毕业）一百五十名所施调查，与上述之第一项相当，以调查彼等对于职业有如何倾向为目的，并由是以察时代及社会之一般的趋势，而作将来指导之标准者也。调查之前，并未向彼等有何种之指导及谈话，乃突然通告使于三日后提出志愿者，故欲认为正确的职业选择之一方法，似尚未能。且有其他种种不备之点，然既知彼等之一般倾向，则调查之目的可达焉。调查分第一志愿与第二志愿，须各附以简单之理由，兹述其结果如下：

一、第一志愿

裁缝教师	一七	裁缝	一五
小学校教师	一二	保姆（幼稚园）	九
茶叶师匠	八	生花师匠	七
洋机缝纫师	六	园艺家	六
手艺	六	事务员	五
裁缝店	五	农业	四

打字	四	公司职员	三
看护妇	三	白帽	三
妇人记者	二	女学校教师	二
女医	二	产婆	二
女子飞行家	二	音乐教师	一
中等学校教师	一	童服制造业	一
公役	一	家政研究	一
养鸡家	一	钢琴家	一
烹饪教师	一	妇人图书馆员	一
琴师	一	宣教师（佛教）	一
无线电播音员	一	游艺	
银行员	一		

二、第二志愿

保姆（幼稚园）	一八	打字	一一
事务员	一一	裁缝师	八
小学校教师	八	看护妇	五
生花师匠	四	园艺	四
公役	四	茶叶师匠	四
百货商店店员	三	洋机缝纫	三
药物贩卖业	三	公司职员	二
宣教师	二	手艺	二
养鸡家	二	女子作家	二
裁缝	二	音乐家	二
无线电播音员	二	育儿院勤务	一
儿童西服商	一	毛丝编物	一
洋机刺绣	一	作法教师	一
女医	一	家庭教师	一
养蚕家	一	照相家	一
药剂师	一	中等学校教师	一

银行员	一	琵琶师	一
电话接线生	一	妇人记者	一
无职（家庭专务）	一三		

如将第一、第二志愿合计，依日本国势调查时之职业分类配列之，则如下：

志愿职业之类别（志愿数二四九）

一、农业			一八
（1）农作	四	（2）园艺	一〇
（3）养鸡	三	（4）养蚕	一
二、工业			三七
（1）童服制造业	一	（2）日本裁缝	一七
（3）洋机裁缝	一〇	（4）手艺	九
三、商业			八
（1）童服贩卖业	一	（2）卖药业	四
（3）其他商业	三		
四、交通业			六
（1）电话接线生	一	（2）无线电播音员	三
（3）女子飞行家	二		
五、公务，自由业			一八〇
（1）宗教宣传师	三	（2）学校教育者	七九
（3）其他教育	二五	（4）图书馆	一
（5）医师	二	（6）看护妇	八
（7）杂志记者	三	（8）艺术家	六
（9）自由业	一〇	（10）事务员	二三
（11）银行员	二	（12）店员	三
（13）打字	一五		

志愿数多一九者，以学生每将第二志愿填写二种故也。

若以上述志愿依个性、学生之职业分类配列之，则如下（全数二四九）：

一、身体劳动	五
（1）温和性全身劳动主从命令的行为者	

公役			五
二、心身勤劳			六三
（1）对于机械或周围需要较复杂之心的能力者			九
飞行家	二	电话接线生	一
无线电播音员	三	白帽	三
（2）属于生理的能力或技艺者			五四
音乐家	三	打字	一五
裁缝师	一七	手艺家	九
洋机裁缝	一〇		
三、精神勤劳			一五三
（1）属于心理的劳力或技艺者			七
A．主依天分者			
游艺			
B．要一定智识者			
女子作家	二	妇人记者	三
照相师	一		
（2）要教习及劳力者			一一七
A．普通者			
学校教师	三		
B．特殊者			
医师	三	看护妇	八
保姆	二七		
（3）属于事务者			二九
公司事务员	二三	银行员	二
店员	三	图书馆员	一
四、属于事业经营者			
A．小规模			
农作	四	园艺	一〇
养禽	三	童服制造业	一

童服贩卖业	一	卖药业	一
养蚕业	一	其他商业	三

五、属于科学研究者　　　　　　　　　　　　　一

A．实验的方面

家政研究　　　　　　一

学生之志愿职业，配列如下，其所附理由，初拟分别填入，然因过于繁杂，且少兴味，故特综其大概而述之：第一志愿中，最占多数者，为裁缝教师，其所举之理由，多数均以裁缝为女子特有之业，适于妇子沉静之天性，亦有认为家庭生活上必要事项，社会无论如何进步，决无不需要裁缝之时代，故习之者必多，而教师之收入亦增，此从经济条件着想也。又有由于消极的动机，而选此职业者，盖此业与男性交际较少，可无陷于堕落或诱惑等之危险，对于职业妇人极为相宜。其次多数者为家庭裁缝，所述理由，与前相类，其认为合于自己趣味者亦不少。又有自以能力不足，别无奢望，不得已而选此者。要而言之，裁缝为女性特有之职业，而属于创造性，此可与其育儿本能相合，而视为无上之愉快者也。选此业者，最占多数，自为当然之事。其次所举之职业，为小学校教师及幼稚园保姆，其理由多谓终日与儿童共同生活，为至乐之事；一方面养成次代国民，可为一种大责任：责任大者，其愉快亦大。此种对于教育之愉快，为我等人类所有之特权，就本能言，则女子尤较男子为优，宜选此业者之多也。其愿为幼稚园保姆者，尤有一致之论调，以为"使可爱幼儿快活玩耍之际，方在伸长之智慧的萌芽，以真爱之心理保护而启发之，此与女子天性最为适合"，亦可见女性爱护幼儿之表现矣。其他愿为生花、茶、琴等之师匠者亦不为少，大都皆以趣味为理由，亦女子适宜之职业也。青年时代之男性，往往希望积极的、活动的、炽热的职业，女性则与相反，愿为消极的、非活动的、冷静的生活。美国心理学者霍尔，就此男女青年之心性的差异，发表其极细密之研究。最近日本心理学者，对于青年心理之研究，亦日见进步云。

就第二志愿言，殆与第一志愿有同样之结果。惟志愿打字及公司事务员等较多，居保姆之次，此事颇堪注目，即占现代社会中妇人活动之新方面者也。此外可视为新社会之影响者，尚有飞行家及无线电播音员等，虽极少数，然夸眩新异，喜逐流行，可征女性本能之表现。而自他方面观之，对于将来之妇人

活动，亦足以暗示其新的进路矣。

观前揭之表，知志愿农工商业者极少。志愿公务或自由业者达三分之二以上，此可谓现代思潮之反映，生于农村而不喜农村生活者，往往舍农村而去之。在如此现状中之日本农村，与都会发达成反比例，而有日就颓废之象。换言之，从事于生产事业者，虽为最健全之生活，而一般的心理，反倾向于非生产的职业，此于国家前途，殊为隐忧。在人口及食粮问题迫切之日本，而自由业者趋集于都会，弃农村而不顾，此诚大可考虑之问题也。若就学生志愿之自身考察之，则学生志愿，多数不过志愿而已，其卒业后实际活动于社会，或入上级学校以为活动之准备者，极为少数。盖学生多为中流以上之家庭子女，即其家庭多为比较的有产阶级学生，自身无遽行谋生之必要，故其志愿，不能确定，只能以志愿视之。余于上文会言调查上有种种不备之点者，即在此也。

学生对于职业究有若何之智识乎？此不可不一言也，高等女学校之五年生，虽已受十年有余之学校教育，然其对于职业之态度及职业知识之程序，未脱幼稚之境，故女学校之职业指导，为至要且急之问题。对于此问题，有识者早经研讨，教育者亦已着眼，然以我所闻，则女学校职业指导之成案，尚未见有完备者也。女学生对于职业之智识，至为重要，其卒业后，即须就职者无论矣，即不遽就职者，使之理会现代之经济组织及职业分布，在国民生活上，亦为极重要之一事。现在学生虽能知多数之职业种类及名称（此可于本调查知之），而于某业需要若何程度之勤劳、若何特种之性能等科学的知识，皆其所缺乏者，徒为世上之流行评判所左右而已。又自己之先天的素质、后天的经验及知识技能，本为就业之第一要素，然能有此种自觉者，颇寥寥也。

最后就现代社会与女子职业之关系论之，女子之职业的活动，益为时代所要求。同时因种种分业之发达，而适于女子之职业种类，逐渐增加。日本国民劳力之事，实为妇人，妇人活动之如何，为将来国民经济之枢纽。而欲使国民勤劳显其最高能率，宜取职业人之性能，精细调查，务使减少转业及退职等所受之损失。小学校职业陶冶之重要无论已，以完成女子普通教育为目的之高等女学校，尤宜留意此点，努力改革旧时整齐划一的方式，而实施适应个性之教育，使从前非实际的教授，尽归于实际化，以适应时代之需求，此我人所急切企望者也。

谈谈重水

[日本] 千谷利三 著

水在许多物质里面，对于吾人的关系，比较密切而重要。又在许多化合物里面，像水一样容易得着纯粹形态的，也是很少。它的冰点和沸点，选做寒暑表刻度的标准点。它的单位容积的质量，选做质量的单位，就是这个缘故。

但是到了现在，吾人有就这些事实重行考查的必要，这是由于去年夏天美国发见所谓重水而起的事情。详细地说，就是吾人通常所使用的水，无论若何纯粹，绝不是单一的东西，里面常常含有少许比较重一些的别种的水。虽然它的含有量不过万分之二，但因为它的母体的水，取之无尽，并且照后面所述，用适当方法，可以取出纯粹的重水，所以这个发见的结果，是很有兴味的。

重水比通常的水，性质大异。例如比较同容积的质量，重水要重1.1079倍，所以有重水的名称。重水性质的差异，不仅限于重量方面，它的冰点沸点，都比通常的水稍高，冰点在摄氏3.8度，沸点在101.4度，这是物理性质的差异。又就化学性质说，也有不同之点。一言蔽之，重水比通常的水为不活泼。例如电石上面注以重水，虽然也像通常的水，同样发生电石气，但是发生的速度极慢。又重水最显著的特性，是它对于生物体有毒这一点。例如植物种子，在重水里面不发芽，并且长久浸在重水里的种子，即使再放入通常的水里，差不多全失去发芽能力，可见这个有毒作用决非一时的。同样的事情，又可就小动物试得。例如小鱼或蝌蚪一类的动物，在重水里面，不能长保生命。对于高等动物的作用，虽然还没有充分的研究，但据鼠饮少许重水的实验，鼠可陷入一种酩酊状态。当然这个状态，并非永久持续，不多几时，大概在所饮重水排泄以后，再行恢复常态。

有这样性质的重水，在自来水里面、牛乳里面，无论何种之水，都含着万分之二。那末这个微量的重水，或者吾人要疑其有害了，然而事实全然相反。

据现今所知，重水加以极多量的普通水，使它稀薄，非但不现毒性，反而成为生活机能的刺激剂。和通常所谓少许的毒物可变为有用的良药，是一样的意义。这要惊叹物理的奥妙了。单就全体说来，重水的性质，还是一个谜，世界科学者正在努力研究中。

现在要问这个不可思议的重水的本体，究竟是什么呢？大家知道通常的水，从一容积氧气和二容积氢气化合而成。关于此点，重水也是一样，氧和氢的容积比量，任何一方，并不多余通常的水，而重水的特异性，实从它的成分氢原质而来。重水成分里面的氧，和通常的氧一样，而氢比通常的氢约重二倍。这个重氢和氧化合，就成重水，正像通常的氢和氧化合而成通常的水。所以前者要比后者重，是当然的了。这等说来，所谓重水的发见，毕竟由于重氢的发见，如果有重氢，那就应当有重氢和氧化合而成的重水，从此推想做研究的出发点，因此遂发见了重水。

重水的本质，实和重氢的问题相关。照上面所说，重氢比通常的氢重二倍，其他性质，也有种种异点。我们知道氧和臭氧本属同一原质，因为组成和构造的不同，而成为化学的同原质体。但是重氢和轻氢的不同，是根本的不同，是自身的不同，并非像氧和臭氧的关系。换句话说，通常的氢，是一个原质，重氢可说也是一个原质，所以两者都不能创造，并且不能把任何一方变成他方，两者是各各完全独立的。向来吾人使用的氢，是这两种氢的混合物，不过轻的远多，重的极少，大约成五千对一的比例。这个比例，不仅限于原质的氢，它的一切化合物，都是一样，通常的水约含五千分之一的重水，就是这个道理。

像重氢和轻氢，名为同一原质，而质量不同的，不独氢为然，化学上可说是一般的事实。这种物质，称为同位原质。现在吾人已经知道的原质，其数有九十二，大多数是这种同位原质的混合体。锡就是显著的例子。普通的锡，是十种同位原质的混合体，各个同位原质都是锡，而质量都稍有不同。如果各原质里面都有同位原质，而最轻的氢独缺，似乎极不自然。无论如何，氢也应该有同位原质的存在，从此推想，经许多学者多年的研究，终于在去年被美国哥伦比亚大学教授余雷博士证明向来的氢是轻氢和重氢二种同位原质的混合体。

照此说来，重水的发见和重氢的发见，在化学上是无足惊异的事情，似乎不必特别提出，然而何以会有这样的重要性呢？这有两个理由：

第一，先说别种同位原质的混合体，不及氢的重要。例如上面所说，锡的同位原质的质量，最小的在原子量有204的质量，最重的有214的质量，两者相差竟达十单位。重氢和轻氢的质量，是二和一，相差只一单位，似乎远不如锡的一面有兴味了，其实不然。同位原质的重要，不在质量的差，而在质量的比，同位原质间质量的比愈大，它们的性质愈不同。锡的两极端质量的比，不过1.07，重氢和轻氢的比，竟达2.00。像这样差数之大，无论其他何种同位原质，都是绝对不会有的。假定锡的质量的比，和氢同样为2.00，那末质量的差要达200单位，这样就已不是锡了，就已变成他种原质了。属于同位原质而性质差异最大的，除重氢和轻氢外，再没有这种混合体了。重氢不失为氢，却比通常的氢大异，重水不失为水，却非通常的水。就这一点说，是重水和重氢发见的第一重要性。

第二是纯粹的重氢可以分离。向来以为许多原质，虽是同位原质的混合体，然而不能互相分离。例如使锡分为十种的锡，在化学上为不可能。这个观念，从重氢分离的成功而完全打破。锡的质量的差，只当全质量的百分之七，相互间的性质还算相近，所以难于分离。但重氢对于轻氢有二倍的质量，化学的性质大异，可以利用这个特点使它分离。

重氢既然是一个原质，那末要合成它，是难望的。但从向来的氢或氢化合物，用适当方法抽出它的重氢，是有望的。抽出重氢所用的原料，自然仍以氢化合物的水为最便。所以从水抽出重氢，试验得最早，并且想出种种的试验方法。现在一般所用的是电解法，就是用电流通过水中，使它逐渐分解，残留着富于重水的水。纯粹的水，难于导电，加以酸或碱，使有电导性。插入电极，通以电流，于是水被分解，氧从阳极，氢从阴极，各成气泡，逐渐逸散。无论通常的水或是重水，同为电流所分解，但是分解的速度不同。上面说过，重水比正常的水，化学性质来得不活泼，所以虽然通过同一电流，而通常的水，比重水分解要快几倍。结果，从发生的氢气说，是比□缺乏重氢。然而残留在电解槽里面的水，应该比较当初所用的逐渐富于重水。但有一点要注意，不可误解：水的容积，因为电气分解减至十分之一的时候，残液中重水浓度，并不能增至十倍。实际上重水也有一部分受电气分解，所以残液中浓度增加的速度，远小于全容积缩小之度。例如上面所说，残液容积减至十分之一的时候，重水浓度约变为最初的五倍。假定用自来水十石，经电气分解缩至一石，那末原来 0.02% 的重水浓度大约增大五倍，变为 0.1%。一石的水，再缩至一斗，重水浓度变为 0.5%。一斗的水，再缩至一升一合一勺，浓度就变为 2.5%，12.5，62.5%。照这样分解下去，最后残液可得百分之百的纯粹重水。这是应用电解法制造重水的原理。去年夏天美国加利福尼亚州大学鲁意斯教授一门，就是凭这个方法，达到获得纯粹重水的成功。所得重水极微，不过十分之几公勺，和几滴雀泪一样，但是鲁氏用极巧妙的方法，对这微量的重水，测定他种种的性质，结果如上所述，是极有兴味的，因之引起了化学界深切的注意。其后重水制法，加以种种改良，到现在，可以工业的制出较多的重水，同时可以精查他种种的性质。但是重水的制造，根本不外蹈袭鲁氏的方法，并且重水诸性质研究的结果，亦不过敷衍重复鲁氏的研究而已。仅仅用十分之几公勺的资料，能建筑这新分野的基础，鲁氏的慧眼和实验的手腕，是很值得敬服的。

增加水中重水浓度的方法，不限于电气分解，用种种药品依照纯化学的方法使水分解的时候，因为重水难于分解，残液中重水浓度可以逐渐增多。或者把水蒸馏，它的残留部分也可稍微增加重水的浓度。以外还有种种的方法。但是现在实际所用的差不多全是电解法，其他不过有学问的兴味而已。将来蒸馏法倘使能够改进，也许可成为重水制造上最有力的方法。

从上所述，得了重水就可从此得到重氢，把他和种种原质化合，可得种种的重氢化合物。例如和氯化合，可得重盐酸；和氧化合，可得重阿摩尼亚。这些重氢化合物的性质，和向来普通的轻盐酸轻阿摩尼亚等当然不同，从重水和普通水的比较不难想象而知。

对于吾人最重要的物质里面，氧化合物可说网罗了他们的大部分砂糖、小粉等食料，不必说，硫酸、盐酸、苛性钠、阿摩尼亚等工业药品，酒精、轮质石油、电石气等燃料，乃至种种的医药，不可胜数。这些化合物里面的氢，倘使一一换入重氢，要变成怎样的性质呢？这是津津有味的问题了。

重水自身的问题，特如生理作用的问题，不必说。如果研究及于重氢化合物，那末重氢研究的前途，真有洋洋的大观。重水发见国的美国无论已，在其他欧美各国，重氢和重水的研究热一天天的增高，关于研究的发表很多，有应接不暇之势，日本也在开始研究中。

从重水研究的勃兴，进而至于工业的制造，这种实验，已是不少。例如美国加利福尼亚州设立同位原质公司，专以制造重水和重氢化合物为目的，它的制品已向各地输出。现在价格当然极高，不过供研究之用，将来制法逐渐进步，制品多量产出，无疑地可以低廉供给的。英国方面，据学术会议的结果，已承认将来对于重水的不可忽视。听说该国著名的化学药品制造公司ICI也设立大工场，从事于重水的制造。又在诺威，也企图利用廉价的水力电气来大规模的制造重水。

凡是纯粹化学的新发见，起初往往只看做桌子上的学问。有许多仅仅在学问上有兴味的物质，经过了最近的二十年，逐渐发见很大的实用价值。前世纪末稀有气体氖等的发见，和现今霓虹灯夜景广告的利用，是很显著的一个例子。又如铝在初发见时，价格比黄金还贵，以后制法改良，制品大增，日用轻器具和飞行机材料等都非铝莫属了。所以现在实验室内像虎子似的秘藏着的重水，在不就的将来大量装入瓶内出现于读者的桌子上，这绝不是空想吧！

附录四　他人回忆文章

我的伯父吴粹伦

吴保康[①]口述　王佳妮整理

我是吴粹伦弟弟吴稚田的长子，生于 1930 年，如今垂垂老矣。然而，对伯父吴粹伦的印象，却历历在目。

兄友弟恭，自古以来便是中华民族的传统美德。我自小生活在一个有爱的大家庭里，虽然爷爷过世较早，没有给众多兄弟姐妹更多的教诲和疼惜，但是，作为家中的长子，我的伯父吴粹伦承担起了"长兄如父"的责任。他一手带大家中的弟弟妹妹，兄弟姐妹间关系非常融洽。

我的父亲自幼至长均由伯父赡抚培育，他学习成绩优异。伯父赞助、支持他学习，使他成为洋务运动时期出国留学的成员之一。他留学美国，毕业于麻省理工学院。后来，伯父又要求他回来报效祖国，他为我国的煤炭工业发展做出了贡献。

在我的记忆中，伯父十分疼爱自己的小女儿——我的堂姐吴保敏，但对家中男孩子的管教却十分严厉。在我的那些堂兄的眼里，他们的父亲吴粹伦一直是严肃的，他们因此大多心生敬畏，不敢过分亲近。然而，我幼时曾在伯父家住过很长一段时间，伯父十分喜爱我，经常带着我外出游玩，如逛上海城隍庙

---

① 吴保康为吴粹伦之弟吴稚田之儿。

时买冰糖葫芦给我吃,带我看"西洋镜"等等。我内心也十分喜爱伯父,感觉他平易近人,待人亲近,根本没有自己堂兄弟口中所说的"可怕"啊!

我父亲出国期间,与家人分隔两地。于是,伯父帮助照料着我们一家人。

我自幼体弱多病,得了肺结核,家人们一筹莫展,只能焦虑地听天由命。此时,远在上海的伯伯吴粹伦安排并接应我到上海进行救治,把我救活。那时候肺结核的医疗费用十分昂贵。当时,我最怕的人就是二哥吴保德(他是伯父第二个儿子,著名的医生),因为每天他都要给我打针,尽管我总是逃,但哪逃得过比我大二十来岁的他的手掌心,每天的一针是逃不走的。我不怕比我大13岁的堂姐吴保敏,她也在医院工作,记得小时候我胳膊上长疮,溃烂了很久,她每次给我换药,都是轻手轻脚的。

伯父嗜爱昆曲,假期回昆,常到一墙之隔(为联系方便,特将两家中间的地买下来,开了门)的我家,教我母亲拍曲,他司笛。一遍又一遍,不厌其烦,直到会唱为止。就是这样时时不忘昆曲,处处宣传昆曲。

1932年,我的伯父在昆山北后街盖建了一处多层式的木质小楼家住,盖建过程经历了一波三折,但最终小楼完成了建设。在当时,大部分百姓的住房还是土坯房,伯父拥有较高的审美情趣和生活情调,他主持建造的这座小楼在当时是昆山为数不多的木质小高层楼房建筑。伯父在建造那座木质小楼时,因费用高昂而遇到困难,我父亲慷慨地拿出了自己的存款资助了四成,帮助自己的哥哥完成房屋的建设。后来,我伯父两个大儿均由我父亲支持学费,完成大学学业。我父亲不求任何回报。这就是我们吴家兄弟间的情谊。这点,在我的两个堂兄的回忆录中也有记载。

经常听父亲说起,日寇占领昆山后,四处拉拢昆山当地有声望的人,想要以此巩固在昆山的势力。伯父当时在昆山教育界十分有名望,很多官员、商人、平民百姓都尊敬他,敬仰他。因此,日本人曾向伯父许诺金银、权力等诱人条件,想尽办法调动各方力量,甚至通过卑劣的威胁去拉拢伯父,然而伯父不惧要挟,不为金钱利益所动,誓死不做"卖国贼"。伯父精通日语,曾经跟随日本老师学习日文,并参与过一些日文翻译工作。曾经有两位日本老师悄悄联系到了伯父,想要借着之前与伯父的"师生情"拉拢他。但伯父在大是大非面前,以民族利益为重,坚定严肃地保持着自己的立场,展示出了一名读书人铮铮傲骨的气节。

伯父正直正义，挺直了中国人的脊梁，不屈服于侵略者的淫威，然而日本侵略者却对他怀恨在心，一把火烧毁了他的家，精美的木楼在那场大火里燃烧着，即使只剩下了焦黑的空壳，仍控诉着侵略者的恶行。

抗战期间，我的父亲也坚决不给日本人干事，他在自己的院子里种植了各种各样的蔬菜瓜果，每天亲自挑着一担新鲜蔬菜瓜果，牵着我的小手到街头叫卖。不少人看见一个留洋的学者干这种活儿，都很疑惑，但我父亲我行我素。这就是我们吴家人的志气，这和我伯父对我父亲的教诲是分不开的。

如今，伯父离开我们将近80年了，我已经是90岁的耄耋老人，今天特地把这些往事说出来，希望我们吴家的小辈记住。

悼吴粹伦先生
——他具有标准的人格，他是个标准的校长

炎 父①

我今年已五十二岁了，在教育界混了三十多年，所接触的人，一时也记不得多少，但是我最敬仰最佩服的，只有一个，就是吴粹伦先生。

吴先生在社会间任事，比我早得多，我在早年的时候，已经晓得他是一个绝等的聪明人，后来接触之下，知道他不但聪明，并且还有许许多多的长处，所以我在做这篇文章以前，脑筋中搅乱得厉害，大有一部二十四史不知从何处说起之感。现在定了神，想了一想，勉强分析他几项特点，写给大家看看。

一、尽瘁教育

据我考查所得，吴先生原来是一个书香子，他的家境很清贫，在十五岁时候，已有相当的文名，因为经济的逼迫，他就处馆某姓，出其诚恳的真情，教授一般幼稚的学生，使得有相当的成就。他自己沐浴于科举制度中，以第一名入泮。后来知道研习举业之非计，他就考入亡清端午桥中丞所办之江苏两级师范学校，在速成科读书一年，就毕了业。他有科学的头脑，所习的学业，高出常人万倍，所以一般同学，如江问渔、王饮鹤之辈，莫不对他敬重。毕业以后，端午桥即调他做苏州高等学堂的日文数理学科翻译（按当时学制，高等学堂在中学以上，犹若今之学院），后来他知道只懂日文，还不够研究科学，就在课后自习英文，不到三年，他就转任省立苏州师范和中学的数理教员。由此一点，我们可以知道他是一个绝等聪明兼有科学头脑的人了。他在苏州充当了十多年的教员，他的家乡初办了一所中学，一定要请他当校长，他为了造就故乡子弟

---

① 炎父（1890—1978），为吴粹伦小女吴保敏公爹王乘六之弟王震公，粹伦先生逝世后，1942—1953年曾任澄衷中学校长11年。此文原载于吴粹伦去世后不久的昆山《旦报》。

起见，不得不勉强应允，在报酬方面，减了许多，他也并不在意，可知他的清廉了。嗣后在民国十六年度，受政治方面的影响，他就坚决辞职，教育当局和师生挽留不得，同时上海中华职业教育社社长江问渔先生特地到昆礼聘他充任该社总务主任，为了同学的情面，就应允了。在职三年，纲举目张。澄衷中学校董知他的贤名，一定要聘他担任校长，职社不许他离职，后经蔡孑民先生推挽，方告解决。从此他就做了澄衷校长，整理校务，公开经济，更又特创新例，减少自己俸给，涓滴归公。在做事方面，无论如何困难，他总绝对负责，因之校董及同事和学生，没有一个不敬重他。在职十年，学校有循序的进展，学生有优越的成绩，尤其是在国难期中，他劳神费力，不厌不倦地东奔西走，为复校而挣扎（按：澄校原址在虹口，在鸠占中），几经努力，才告成功，从此就埋头苦干，甚至废寝忘食，连星期日也加紧办事，至今有了相当基础，他也不肯偷安，因此体力日衰，在抱病的前两天，他还顾及学生的学业，连续代课七小时，病中又时时以学校为念，真可说尽瘁教育了。我们仔细一想，这样多才多艺，清廉自守，困心衡虑，肯负责的校长，在上海方面，在我看来，简直要算第一了。

二、科学头脑

吴先生不但是具有好学深思的特长，他还有办事的能力。他的办事，处处有条理，这条理的由来，完全要归功他有科学化的头脑。他无论做什么事，第一先要研究事的发生，第二想到为什么要去做，第三做了以后有什么价值。他从这三点考虑以后，再行归纳一下，才为郑重的研究，逐步进行。所以他做的事，人家所想到的地方，一点儿没有遗漏，做好以后，总比人家格外精密，并且有其方案，可供后人稽考。所以和他合作的人，没有不当他是一个灯塔，从熹微的亮光下摸索，一定可以走到光明的大道。因之我们遇到难做的事，就商于这位老先生，他必能解剖事理，分析得详详细细，解除你一切困难。他还有一种特长的本领，他从来没有学习过统计，但他无论对于过去和现在的事情，必定列一统计，研究多少和优劣之点，然后逐一改善，以期达到至善的地步。倘使你到澄衷学校参观一下，就可以知道所陈的表格，统有精确的比例，对于历年学生的勤惰和成绩，尤见得细密无遗。但就最近澄衷学校所出的立校四十周年纪念一本小册子来讲,他所编制的四十年来学校经费统计表,排列的数字,极其准确。最可佩服的,那澄衷学校从创立到现在,虽是有四十年的历史,关于经费一项,素来没有详细的记载,他能够在学校破坏簿籍散佚之下,从尺纸寸缣残缺不完之故堆中,为精密的考察,并在澄校有关系的方面尽力搜寻片段之材料,又更向三四十年前之老校友询问故实,索取所藏,并合精查,为有统系的记载。这种工夫,倘非有科学化的头脑和埋头苦干的精神,何能办到?所以澄衷学校的校风,最著的就是划一整齐,这也不能不归功于这位吴校长的。

三、标准人格

吴先生今年五十九岁,照他的年龄讲,免不了受着旧道德的熏陶,但是对于新道德方面,也有极深的陶冶,他最令人钦佩的地方,在心地的纯洁和态度的恳挚。我有一次与他闲谈,他感到近人以廉洁两字为尊贵,很觉有所不满。他说:"一个人要做事,是应该的,做事要有报酬,也是正当的,做一些小事,而受重大的报酬,即是非分,即是贪污,何况还要想求额外的收入呢?所以廉洁是做人的本分,根本说不上名贵,近人特别将此二字提出,简直是没有道理。"体味他这几句话,就可知道他是一个立身清高的人了。他所做的事,处处要求清楚,绝对负其责任。对部下所做的事,他必定检查明白,不肯丝毫苟且,即使做毕以后,他还要详细复按,使得切实适当,无批评的余地。他对于朋友,总是以至诚对待,对于学生,从无疾言厉色,也是以至诚感化,使得心中诚服。和他不相识的人,一经交接,就可知道他的态度和蔼、心地忠厚了。他虽是终身在教育界任事,但对于政治上的动态,都能了如指掌,真所谓"夫人不言,言必有中"。他的外貌虽然瘦弱,体力远不如人,但是他内心的勇敢,比任何人坚韧,所以做事肯负责任,即使每天要做八小时以上的工作,他也毫不推诿。因此害了小病,总是认自己的体弱,不肯说种因于做事太忙,他牢守"人生应该做事"的信条,丝毫不肯放松,这种忠实的态度,社会上能有几人?此外他还有一种慈悲的特性,对于一般贫苦的人,总是抱有同情,力之所及,无不周济,自己却素菜淡饭,甘之如饴。最近我还知道一桩事,他知道天渐寒了,亲自拣了一件棉被和一件衣裳,上了电车送到他的朋友那边。这种诚恳的态度,我们着实可以佩服,他的气量比有钱的人大多了,我也不必说了。仅是举这几件事也可见为人如何了。

最后我要提一件事，除他为人和学问外，还有一种特长的文艺，他平常没有嗜好，课余之下研究昆曲，有极深的造诣。此曲学衰亡的时期中，孜孜不倦研究曲学的人，全中国有两人，一是吴县的吴瞿安教授，一即是他老先生。吴先生所发表的传奇，多由他老先生替他制谱，我所见的有《湘真阁》《湖州守》传奇，是他老先生替他制谱和制定的。这种不朽的精神，要算是可贵了。现在吴教授在滇逝世，政府曾下达明令：有"不特学问湛深，抑且超轶前伦"之语。粹伦先生逝世了，中国世界，确是遭遇了绝大损失，恐怕《广陵散》从此要绝了。

总之吴先生的长处说不尽许多，我末了提出他的弟弟稚田先生的话做结束。稚田先生说："我对哥哥的印象，觉得他是严父、慈母、贤兄、良师、益友等说不尽的美德。"就更可充分看出吴先生之为人如何了。

吴粹伦和上海澄衷中学

王震公

记得是民国十九年秋天吧，我和澄衷中学姓陈的校董谈天，讲到办学是一件难事，尤其是要物色到一个爱校的校长，更觉得难之又难。我乡（注一）有一个很好的中学校长叫吴粹伦，他在动荡时期，受不了种种的掣肘，毅然辞去职位，交代得清清楚楚，继任的人，也觉得他办事清晰。那知道一件雨量计，被人暗暗地藏到家里，吴先生听到了，以为经手的校物，虽则交代无遗，后任的事可以不管，但是总觉不安，就设法劝那人归还校方，这真是他额外的负责，着实是可敬的。这句话在无意中聊天，不算是一回事。到了民国二十年的冬天，那澄校的陈校董，一定我同去见吴先生，一见以后，他就申述敬佩的意思，一定要聘他做澄校的校长，一回，二回，请他十几回，他老人家总是不肯接受，同时他服务的机关也始终不让他离开，陈校董呢，却一定要请他，相继了二十多回，才有蔡元培先生出来调停，方案是怎样呢？就是劝原服务机关，准许他离开半天，而在澄校，改任教务长，工作半天，才得解决。后来我问陈校董，你为什么坚持要请他？他说：你忘了十九年秋天你所让给我听的事么？这可见吴先生令人佩服的地方，就是有责任心。

过了一年，校董会请他做校长了。他用了许多心思，改革校方经济制度，会计员由校董会雇佣，校长封会计员，有监督权，无进退权，校长不经手分文，银行支票，存会计处，印鉴由校长保管，彼此监制，用度了然。同时又编制预算，逐月向校董会总收支处，领取月款，按表开支，施行以后，迄今不变。其他妙选师资，充实教学，提倡运动，以及一切改进计划，均经次第实施，全校师生，莫不合服。他还有一件最可令人佩服的事情，就是做校长的时候，校董会送他薪水，每月二百六十元，他老是每月退还六十元，校董会问他缘故，他说：贪污两字的界限，不是多得非义之财叫贪污，就是一个人做事才力和报酬不相知，倘然自己不明白照数收受，就叫贪污。我的才力不过如此，怎样可以多得呢？过了一年，校董会见他治校有方，一定要给他，他老是不受，为了免于矫情起见，他就将校董会补送这一笔薪水，捐入校中，作为自然学奖金，每年将所得到利息，奖给学生，直到现在，仍旧存储银行。不过抗战后币制改革多次，亏折得不可说，吴先生泉下有知，多么伤心呀。然而他的公正廉明，简直在故乡中，没有第二人了。

到了民国二十六年"八一三"抗战的时候，日本人猛攻虹口，他老先生服务的学校恰巧在战线中。那时还在暑假，他单独留守校中，急切地一方遣散校工，一方收拾文件，至于不可守的时候，方肯避居中区，而家里的事情，却完全不顾。后来国军西撤，次序粗定，他就努力于复校运动，借成都路新实中学，召集师生勉强开学，一切用具，都向各处暂借，校董会也无钱辅助。他唯有努力节省，每月薪水，自支四十元（注二），高级教员，月支二十八元，低级低支十二元，苦干了一年，方得选到北京路通易大楼，添购了二百多件的校具，使得学校慢慢地发展，奠定了复校的基础。

不幸在三十年的今天（注三），他以尽瘁校事，病殁沪寓，亲戚故旧，及门桃李，都表哀悼，躬吊如礼，上海各报，也有刊他遗像，发表文字，说是教育界的极大损失（注四）。吴先生和澄校的关系，就此告终，而吴先生家境的窘困，也不必说了。

人家说：吴先生做人的好处，在一生廉洁，我想廉洁是人生的本分，并不是美德，吴先生在九泉之下，一定不认的（注五）。

（注一）民国十三年，吴先生任昆山初中校长，十七年辞去，任中华职业教育社总务主任。

（注二）当时校长薪水定为一百〇四元，先生谨支四十元，不易维持一家生活。

（注三）十一月二十日病故，先生自十六岁起至五十九岁止，除二十三岁在师范速成科求学一年外，共执教鞭四十三年。

（注四）十一月二十五日于中央殡葬馆大殓之日，由澄衷中小学、中华职业教育社、紫阳师范同学会、昆山县中旅沪校友等推定筹备员定期为先生开追悼会。忽值日寇与英美宣战，孤岛全部沦陷，遂不果行。

（注五）本文节转《旦报》特刊，注释为另加者，原文笔名炎父，即现任澄衷中学校长王震公先生。附此声明致谢。

四载澄衷　沐浴春风
——七十年前旧事琐忆

严智睿①

1936年秋，我经校董李允成介绍，破格考入澄衷小学六年级插班。翌年，"八一三"战火骤起，虹口校舍，荡然无存。我在外"借读"半年后，重返母校，直至1940年秋初中毕业，先后四年。这四年，正是国家危急存亡之秋，也是我受师长栽培，沾润雨露，一生中难以忘怀的黛绿年华。

值兹母校110周校庆之际，谨琐记七十年前旧事，以资感怀。

当年澄衷以师资精优，教育严格，校舍宽广，德、智、体三育并重，在虹口名重一时。学校特别重视学生体育，每天早上上课前，必先进行晨操。初中、小学全体学生集合在世美堂前的大操场，先是跑步，绕场几周，呼喊口号，然后做集体健身操。体育老师是我国体育界的元老——王怀琪先生，他吸收我国古代气功经验，结合现代体操理论，整理创始了"八段锦"体操。记得体操共八节，第一节是"两手擎天理三焦"，第二节是"左右开弓似射雕"，以后则有"摇头摆尾去心火""两手攀足固肾腰"，最后是"背后七颠百病消"，以跳跃结束。当时没有扩音器，他站在高台上，以洪亮的声气，呼喊领操。从上肢、颈胸到腰腿，全面顾到。王老师的"八段锦"，实是新中国成立后推广"职工广播体操"的先河。学生还要进行各项运动训练，田径、单杠、双杠等项目，都要求达标。现在听来，这似乎是中小学的常规，不值一提。可是要知道在七十年前，对学生体质提高、体育极不重视，澄衷开风气之先，三育并重，突出体育，是极为先进的。

我小时身体孱弱，进澄衷以前，一直就读于"弄堂小学"，未经体育锻炼，

---

① 作者系澄衷中学1940年初中毕业生。

一开始，跟不上学校的要求。第一学期下来，别的功课还能及格，体育课的成绩却得了个"戊"。甲、乙、丙、丁、戊五等，最后一等，不及格。成绩报告单上特别批明："下学期如体育再不及格，将不能升入本校初中。"第二学期我急起直追，总算争得一个"丁"，可能还是学校对我的照顾。

　　1936年，世界奥运会在德国柏林召开，我国当年被视为"东亚病夫"，各项运动都进不了"门槛"，只有唯一一位长跑运动员刘长胜，派去参加比赛。王怀琪先生则以考察员的身份随代表团去德。大会结束，我国背了个"鸭蛋"回来，群众舆论大哗。王先生向全校学生做报告，针对当时我国国势衰弱，民众体质孱弱，体育落后，他悲愤填膺，再三激励同学，一定要练好身体，强身富国，为民族争口气，说到激动处，声泪俱下。同时他还以极为赞佩的口吻，推崇德国人民纪律严明、作风踏实和建设的先进。他说道，街上行人来去，左右分明，秩序井然；地铁四通八达，上下自动楼梯。我们听得出神，惊为"海外奇谈"。

　　澄衷有座室内操场叫"澄厅"，当年也是一般中小学所罕见的。1937年春，高小同学参加全市学生联合运动会，其中有团体操，学校先在澄厅里进行彩排，邀请家长来观看。当年澄厅里左右设阶梯形的看台，家长们坐在高高看台上，看着自己的孩子表演体操。统一的绛红色运动服，上衣前面有个三角形的校徽，下着球裤，训练有素，整齐划一，家长们看了后，回家大为赞赏。现在澄厅还在，我回母校时，总要进去张望一下，回忆往事，不胜神往，辄逡巡不能离去。

　　当年澄衷的校门开在塘山路上，大石砌筑的门楼，上镌"澄衷学校"四个大字，浑厚丰神。她劫后余生，饱经沧桑，至今还默默地站在塘山路旁，实是万幸。进门是条走道，右侧不远处，一座小花园里，竖立着校主叶澄衷先生的铜像。初中在新建的世美堂上课，小学则在西侧的几排砖木结构的旧楼里，下面教室，楼上师生宿舍。教室东面有座怀德堂，旧式建筑，堂前天井里，有几棵大树，环境幽静，是同学们课余游憩的地方。

　　食堂也在附近。当年学校接收寄宿生，我们走读生中午也在学校搭伙。学校自己不设厨房，伙食由外面的"包饭作"送来。采用共食制，一桌七人，六个学生，一位老师。六菜一汤，敞开供饭。一桶米饭放在桌旁，餐前由同学轮流值班，统一盛饭。师生坐齐，老师动了箸，学生才能下筷，一菜完了，再动二菜。由于老师"坐镇",秩序井然。我吃饭较慢,也从未饿过肚子。有一次,吃鱼被刺梗喉,老师着急了,去找了校医来替我排难。现在看来,共食制似不够卫生,但师生同桌吃饭,融洽感情,自有其温馨的一面。

班级的级任老师是任茂萱先生,那时别的老师多穿长衫,他冬夏一直着西装。他戴副金边眼镜,对学生和蔼可亲,从不高声斥责,学生很爱与他接近,吃饭也常与我同桌,音容笑貌,至今记忆尤深。他兼教语文,除了按教科书上课之外,还布置我们阅读课余读物:开明书局出版的《爱的教育》《木偶游菲记》等,这是我接受西方文学洗礼的开始,对我以后影响很大。

教导主任是李国华先生。我初进学校时,还没来得及换校服,穿着西装上学。按学校的规定,值班做卫生,就是肩背一只小箩筐,去校园收集废纸、垃圾。他见到我总是要问问我的学习情况,直到初中,还经常关心,对我印象也很深。

当年一班同学,年龄参差不齐,班级按身体高下编号,我矮小,排在第一排。同学中有竺理参、竺理学昆仲,是班级优秀模范学生;翁仲是美术老师翁之琴哲嗣;武达鋐是英语老师武次申侄子。他们都与我同学到初中毕业。还有一位叫李天龙,年龄比同级大出许多,他来自西康,是当年康藏少数民族中选来内地培训的。他正好坐在我后面,当年上课都不说普通话,老师一口江南吴语,他听不太懂,功课跟不上,常与我析疑问难。抗战开始,他就回家乡去了。

1937年八月,我们都还在暑假中,正等待新学期开学,"八一三"一声炮响,战火烧毁了母校的大部校舍,也彻底打破了人们的安宁生活。母校仓皇迁到"租界",开始了一个与前完全不同的学校环境。那时,大批难民涌入"租界",大量学生"嗷嗷"待学,周围沦陷区里的大中学校,都纷纷借用办公大楼,作为临时校舍,因陋就简,坚持上课。上海原多"弄堂小学",那时又产生了"大楼中学",形成了当时上海的一道特殊的风景线。

我在南方中学"借读"了半年,1938年1月,我重又回到澄衷母校,那时她已迁到北京路河南路口的通易大楼,已非旧时校园了。

校舍是座四层楼房,原是通易银行的办公营业楼,面积不大,母校借用了二、三两层。大楼现在还在,最近我重临旧地,建筑情况没什么大变。进门一道转角楼梯,柚木护手还是旧物,表面已摸得锃亮,转角木柱也是原物,上有雕刻。上楼又是一道中门,进去就是一圈回廊,中间是个约20米×6米的采光天井,周围也就是十来间教室。步上四楼,依旧是民居,一位太太问我找哪家,我茫然不知所应。"是来寻找旧梦的!"我心里说,我曾在这里度过三年最最珍贵的初中生活。

大楼狭隘,操场没有了,"澄厅"没有了。但学生锻炼不能少,体育不能少。尽管教室很紧张,学校还是辟了一间大房间,作为学生的运动室。地上铺了运动垫,让学生在垫子上打滚、翻筋斗,因地制宜,螺蛳壳里做道场,单杠、双杠、跳高、跳远照做。王怀琪老师那时又另创"新八段锦",加重了运动量。学校依旧坚持三育并重。王老师老是激励我们学生,国难当头,更要练好身体,才能为国效力。那间运动室还兼作大会堂,每周一早上,学生在这里集合开周会,校长吴友孝先生,领导大家读《总理遗嘱》:"余致力革命凡四十年……"接着向学生讲国事、校事和课事,总是勉励学生,国难当头,要发奋图强,学好报国。

学校的"硬件"限于当时的条件,没法突破,"软件"配备却是第一流。学校一仍其旧,管教严格,注重教学质量,当时聘请的教师可称都是"一时之选"。英、国、算是当时的主课:英文教师武次申先生,擅长英文书写,标准的牛津体。他自创"武次申英文习字帖",在横行中插加二条横线,上印范文,让我们每天都临写一页。算术教师陈岳生先生,是当年初中通用教科书《三S平面几何》的中译者。他教授方法深入浅出,通俗易懂,很受同学欢迎。如教"$(A+B)^2=A^2+2AB+B^2$"公式,把"A和B"改成"苹果和生梨",来说明A和B可以代表任何单数或是任何复数,开阔我们解题的思路,给我记忆极深。国文老师几乎都是中年以上的宿儒,个个写得一手好字。

即使是非主要的课程,也都是一时名师。

美术教师钱君匋,是当代的书法家、篆刻家、美术家、书籍装帧家,名重一时,当时已孚盛名。他教我们水彩画,不重临摹重写生,上课时,当场手把手指点修改。有一次他别出心裁地用一只面盆作Model,半盆水,盆边放着一条毛巾,半干半湿,要我们识别干和湿、光和影。他还教我们学写美术字和图案画,提供他许多的范作,在墙报中试画。

音乐教师裘梦痕,出版过许多音乐教科书,也自搞创作。他除了教我们

"唱歌"之外，也介绍中西音乐名作，让我们提高音乐欣赏能力。

我特别不会忘记的是，我们的级任兼国文老师，程植士先生。他精通国故，是昆山硕儒，在澄衷执教多年。那时他已五十多岁，戴一副深色眼镜，终年一件长袍，对人和蔼可亲。他家在昆山，单身住在学校里，视学校如家，视学生如家人，既教书也育人，对学生爱若子弟。他教我们国文，现在叫语文，主要是文言文，以唐宋八大家和明清诸名家的散文为主，兼及诗词。教材选用《开明活页文选》，一页一文，有注解，十分灵活方便。他选的都是历代古文名篇，如《兰亭集序》《归去来辞》《阿房宫赋》等。当时他为我们朗诵古代诗文时，采用过去私塾老师那种独特的吟哦方式，用他浓重的昆山口音，摇头晃脑，抑扬顿挫，有调有节，别有一功。现在学生恐怕很难理解其中的美妙。当他读到《阿房宫赋》最后几句："秦人不暇自哀而后人哀之，后人哀之而不鉴之，亦使后人而复哀后人也"，摇曳生姿，一唱三叹，真使我们听得出神。这种老法吟咏朗诵方式，对诗文的理解和欣赏，起到十分重要的作用。正是在他的长期熏陶下，我爱上了古代诗文，得以步入我国古代文学宝库的殿堂，终生受用不尽。这是我三年"程门立雪"的最大收获。

他教书极严，每天一页大楷，一周一篇周记，两周一篇作文。

上交的作文，他必不厌其烦，认真精心修改，有时发回的作文，被他改得满页通红，几近重写。文后还加评语，稍有佳胜，就在课堂交流，这对提高学生写作水平，起了极大的激励作用。他对学生和蔼可亲，谆谆诱导，从不斥责。有位同学上课偷看小说，被他发现，只是站在他课桌前，对他说句："侬哪介啦（昆山话：你怎么啦）?"引得全堂哄笑，这位同学也不好意思，就此改过。

1940年初中毕业，他与同学们一起编印了一本纪念册，题名《澄衷中学凌云级毕业纪念刊》。限于当时条件，16开，40页，仅薄薄一本，却包育了当年师生的感情和心血。封面是一张当时上海最高楼——国际饭店的照片。首页是校歌和凌云级毕业歌，毕业歌是程老师作词，宇文节作曲。词曰：

一堂济济，志气凌云，切磋攻错，相爱相亲。
会逢国难，争取生存，同舟风雨，克葆天真。
忽忽三年，差幸有成，骊歌载道，各奔前程。
他日相见，试问耕耘，发扬光大，澄衷精神。

校长吴友孝先生和程老师作序，体育老师王怀琪先生、教导主任顾礼宁先生赠言。每位同学以一位同学为题，各写一篇短文。最后程老师又殷殷寄言，"勖凌云级诸子"：

我校凌云级，弦诵五十人。同堂共切磋，安知非宿因？

几辈耽书数，余子乐艺文。一长固足取，全才更轶伦。

我有肺腑语，郑重以告君：

一念父兄汗血资，期尔成才为轮囷；二念校主兴学意，策尔著鞭称席珍；三念国家多难日，望尔浩气力吞秦。低头常想，及时努力，奋迹青云。

吁嗟乎！北京路上直如矢，通易大楼高无垠，孤岛不孤兮，诸君子何时日新。

字里行间，包含了他对我们多少的期待和鞭策。

毕业时，我又请诸老师题辞赐教（当时用的是散页宣纸）。当年老师们都写得一手好字，张张都是珍贵的"墨宝"，现在的"书法家"们见了怕也会汗颜。现存 12 位师长 15 份题辞（画）。

吴友孝校长题辞："知救国，知救民，才是有志气的青年；能救国，能救民，才是有本领的青年。"

训育主任吴希圣题辞："三十年前好用功。"

钱君匋先生以曹全碑体，题六朝诗两句："红冰朝日丽，翠荡暮山青。"

翁之琴先生画了张墨荷，另题："此墨荷虽寥寥无几笔，然雅淡宜人，颇自得也，幸珍藏之。"又加了两张临写的魏碑。因为他孩子翁仲是同级同学，所以多写了几张。

其他就不一一作述了。这些墨宝，我打算裱装后，送给母校保存，聊作母校 110 周年庆典的芹献。

同级同学 50 位，好多是与我一起从小学升上来的，同窗共学四年。同学武达鋐与我最亲近，纪念册里我们互相写文，他的题目为《木偶和严智睿》，说"和我亲爱如兄弟"，记我"脚细如棒"，与小学课外阅读《木偶游菲记》中木偶相似，取我绰号为"木偶"，戏谑中带亲切。后他入交通大学，在交大网上曾见他名字，1947 年毕业于交大机械系。我曾与交大校友会联系，却无结果。

同学洪士本后学医药，抗战胜利后经营药房，任药剂师，他给我名片上，德文译名是 Von Span，译得十分巧妙，至今没有忘记。以后也失联系。同学贺福根，后改名师麟，他戴深度近视眼镜，国文特好，擅写文言文，常受程老师表扬。我常向他讨教，毕业后他回家乡宁波大碶头，还与他书信往返，切磋诗文。有一次，他来信贴的邮票印有毛泽东头像，似寄自当年浙江四明山根据地。之后，就没有他的消息。抗战胜利后我曾多次去打听，迄无下落。不知他是否遵循程老师的教导，以实际行动去"浩气力吞秦"，已为国捐躯了？

同级同学50人，现在竟没有一人联系上。多年前，校友会的老师曾让我查阅校友的登记卡，只找到仇明鹤一人，备注栏里却无情地写着"已故"。

70年一晃过去，我写这篇回忆时，翻开那本毕业纪念册，老师、同学的音容笑貌，如在眼前。真是：师长情深，同窗谊长；母校栽培，终生受用；四载澄衷，沐浴春风。

后　记

　　"探曲学音律孜孜不倦，登峰造极；为昆曲传承指点宫商，无怨无悔。""以忠恕处社会，以勤朴训后生，几十载耕耘，心底未曾有自我；为人格争光荣，为教育维命脉，此心无遗憾，但悲不见九州同。"这是近代教育家、曲家，我的爷爷吴粹伦一生的写照。

　　我的爷爷吴友孝（字粹伦），著名的教育家、昆曲家，"苏州昆剧传习所"十二董事（创办人）之一。

　　1998年我从单位退休，有了闲暇的时间，原本喜欢戏曲的我，想着要去学点什么，也许是爷爷在冥冥之中的暗示吧，作为一个昆山人，应该学昆曲啊！通过时任江苏省昆剧院院长邵恺洁的介绍，我到南京曲社习曲，从此开始了昆曲生涯。在一次虎丘曲会上，家乡的曲友向我提起，你爷爷在昆曲上可是个了不起的人物啊，你去翻翻昆剧大辞典看。于是我赶紧买了《中国昆剧大辞典》，翻开一看，果不其然，上面有爷爷的介绍，然而只有寥寥数语，还不能阐释他到底在昆曲上、教育上做了些什么。自此，我就有了收集他生平事迹写传记的想法。后因种种原因，一度作罢。

　　2011年11月，应张瑞云（业余昆曲家、实业家，昆剧传习所创办人之一张紫东的孙女）之邀，我参加了《昆曲手抄本一百册》研讨会。会上，中国戏曲学院谢柏梁教授的助手（谢教授因故未出席会议）向我转达谢教授的意思：谢教授准备出一套苏州昆剧传习所十二董事的传记，你是吴粹伦的孙女，关于吴粹伦的部分你来写。我想这是好事，也是难得的机会，我是吴粹伦的后人，应该将他既平凡又不平凡的一生，做一下归纳综述，对后世有一个交代，于是立即答应了下来。在收集资料的过程中，我发现许多资料,无论是对昆曲还是对教育都有着一定的现实意义。我这才意识到写这本传记的重要性,心想当时答应对了,劲头也来了,并暗下决心一定要尽力写好。

之后,我奔波于昆山、苏州、上海、北京之间,先后到江苏师范学堂(现苏州中学)、昆曲博物馆、苏州图书馆、昆山市第一中学、昆山文史办公室、上海澄衷中学、上海档案馆、北京职业教育学院等地收集资料。总算苍天不负有心人,虽经日寇侵华、"文革"动乱,但收集到的资料比我预期的要多。尤其是有关澄衷学校这部分,爷爷在担任校长时在校务日记中亲自事无巨细地记录下了许多宝贵的资料,一直记录到病体无法支撑之时(1941年11月10日,去世前12天),还恢复了校刊(上面刊有澄衷在某年某月某日详尽的活动内容及师长与学生的文章);还有昆山县立中学这部分,《昆山文史》中保存了大量的资料,均为他的学生所写。看到这些资料,我的信心更足了。

本传记原分为三部分。

第一部分,生平。此部分是按年代先后写的,共分了六大块:从出生到21岁;在江苏师范学堂就读;在江苏师范学堂任教,同时受聘于草桥公立中学(后改称苏州一中)任数理教员;任昆山县立中学校长;任上海职教社总务主任,兼任澄衷学校数理教员、澄衷学校教务长;任澄衷学校校长,去世。

第二部分,文章及著作。

第三部分,子女、同人、挚友等的追思文章及相关图片。

在收集资料、书写的过程中,我得到了许多热心人的帮助和大力支持,如昆山文化发展中心的陈益主任、杨瑞庆主任、梁慧铃老师,昆山市图书馆的俞菊芳,昆山市第一中学的金森校长和蒋心丹老师,昆山文史馆的刘冀老师,昆山巴城镇的领导周晓佳及沈开第老师,昆曲博物馆的前任馆长易小妹及浦海涅先生,上海澄衷中学的唐群校长、张立茂及姜志勇老师,昆山档案馆的徐秋明馆长及苏晔女士,苏州中学的丁校长等。而我的表弟、吴粹伦的外孙王家伦提供了家藏的资料和收集到的资料,并校对了文稿。尤其是当今苏州昆剧传习所所长、尊敬的顾笃璜老先生，给我提了许多宝贵建议。2014年8月，在此书初具规模时，他不顾年事已高，在百忙中写了序，并谦虚地说，我知之甚少，作"序"不敢当，就写读后感吧。

我的堂叔吴保康（文中提到的爷爷弟弟的儿子），以及已过世的昆山资深曲友朱学翰老先生，也给我提供了许多宝贵的线索。我的朋友杨铖先生帮我打印了许多文档。

这篇传记中的不少材料，来自爷爷的学生兼同事张粒民先生的《悼念吴粹伦先生》、爷爷同事王震公（炎父）的《吴粹伦与澄衷中学》，以及爷爷的学生徐澄宇、徐贵基、朱为绳所写万字长文《长者·学者·良师——为县中建校六十周年怀念吴粹伦先生》。

更让我感动的是澄衷学校当年的老校友、爷爷当年的学生严智睿老先生。我在澄衷校友会会长张立茂老师的引荐下，于2013年6月18日去寓所看望他。他将珍藏多年的毕业证书、爷爷为勉励他的题字，以及由爷爷撰写、蔡元培题写封面的《两年来之澄衷》（立校三十八周年）纪念刊物等，毫无保留地提供给了我。老先生动情地说：吴校长办学认真，每周一开"纪念周"（相当于现在的晨会），吴校长就领着大家读《总理遗嘱》，勉励大家国难当头，要发奋图强，学好报国。你祖父是一位儒雅的谦谦君子。又指着"上海私立澄衷中小学教职员摄影"照片中的爷爷说：你们看，吴粹伦作为一校之长，虽然是领导，拍照时从不坐在中间，而是站在第二排，从这个细节中可以看出吴校长的为人。

对他们的这些支持和帮助，我在此表示由衷的感谢，没有他们的支持和帮助，我是完不成传记的书写的。

爷爷的一生得到了后人的高度赞赏。1947年，他逝世六年后，昆山《旦报》编辑刊登了《吴粹伦先生追思特刊》。《昆山县志》（1990年）、《苏州戏曲志》（1998年）、《中国昆剧大辞典》（2002年）、《昆曲词典》（台湾，2003年）、《昆山传统文化精粹·昆山历史名人》（2005年）、《江苏名人录》等均为他立了传。苏州大学教育学院尹艳秋教授在她的新作《近现代苏南教育家概览》（苏州大学出版社，2013年）中，也特地为爷爷做了专门介绍。2010年上海市澄衷中学110周年庆典，校方特意请了复旦大学导演系的老师为老校长，也就是我的爷爷吴粹伦编写了微型话剧，在活动中展演。

多年来，因传记还不够完善，一直没能付梓。2019年5月开始，吴氏家人一起为传记的撰写和出版努力；同时，我表弟王家伦教授的弟子，苏州大学文学院研究生仲捷敏从民国时期的《申报》中搜寻到了大量的资料，补充进去后，将原来的主体内容，有关爷爷生平的"编年"形式改成了"编年"与"记事本末"结合的形式，这就使得传记内容更充实、更完善、更丰富，更能彰显爷爷的高贵品格。

终于，2019年8月完成了《吴粹伦传》的撰写工作，邀请《中国昆剧大辞典》主编，南京大学文学院教授、博士生导师吴新雷为本书题写了书名，并先印若干作为"征求意见稿"，附录吴粹伦年谱、吴氏后人概况以及他人的数篇回忆性文章，又将二十几帧重要的照片置于书首。

作为吴粹伦的后人，我们无不欢呼雀跃，以2019年重阳节巴城寻根之旅表示庆祝，永不忘爷爷的高风亮节和谆谆教导，做一个爱党、爱国、爱民的好公民！

本书还收录了我爷爷吴粹伦的12篇存世文章与4篇译文，考虑到语言的规范，在不影响内容的前提下，将原稿中的个别词语做了修改。更为重要的是，昆山巴城镇政府愿意出资赞助此书的出版（巴城即爷爷的出生地）；吴氏家族的各位在婶娘杨如雪（吴粹伦儿媳）的带领下，纷纷慷慨解囊，以助本书出版。

今年2月，在本书正式出版时，苏州大学教育学院尹艳秋教授特为本书作序，在此谨表衷心感谢。

吴世明

2021年3月